D1701508

Dranaz, Eva / Fill, Jochen / Wurmdobler, Christopher (Hg.):
Hapsi Apsi Pipsi Popsi Yipsi – Jugendhaare eine Kaiserin *er*
Wien: Czernin Verlag, 2013
ISBN: 978-3-7076-0472-6
© 2013 Czernin Verlags GmbH, Wien;
© 3007 und bei den Autoren, Fotografen und Illustratoren
Satz: 3007
Druck: RemaPrint, Wien
ISBN Print: 978-3-7076-0472-6

Warnhinweis: Dieses Buch enthält Bilder und Textstellen, die von einem
Teil des Publikums als anstößig empfunden werden könnten.
Dieses Buch ist zudem nur für erwachsene Leserinnen und Leser geeignet.

*In diesem Buch finden sich eine Menge QR-Codes – mit
dem Smartphone scannt man den QR-Code und kommt weiter.
Für alle, die das nicht können: Man gelangt auch unter
www.h-a-p-p-y.net zu den Extras, Videos und Sounds.*

VORWORT

Hallöchen ~~Popöchen!~~

Wenn du dieses Buch in den Händen hältst, dann ~~hast du es bereits gekauft. Oder du hast es geschenkt bekommen. Oder gestohlen, aber das wäre nicht so wahnsinnig nett von dir. Jedenfalls~~ besitzt du es schon, ~~und jetzt denkst du so Sachen wie~~ „Was nun?", „Ich würde lieber eine Wurstfabrik besichtigen." ~~und „Wann darf ich endlich~~ umblättern?" ~~Darfst du gleich, weil~~ der Platz hier ~~gleich vollgeschrieben~~ ist. ~~Natürlich könnte man auch gleich umblättern, aber dann verpasst du womöglich etwas. Immer~~ da wo du ~~nicht~~ bist, sind nämlich ~~die tollsten~~ Partys, die ~~schönsten~~ Menschen und ~~die beste~~ Musik.

Wir fangen gleich mal mit grauer ~~Theorie an. Weil dieses Buch ist nun mal keine~~ Party, ~~sondern bringt eine Menge Lesestoff. Unter anderem.~~ Bei den Bildern muss man ~~den lieben Kleinen vielleicht~~ das eine ~~oder andere~~ Auge zuhalten, ~~egal.~~ ~~Es geht um~~ H.A.P.P.Y, das Wiener ~~Künstler~~kollektiv, ~~das es~~ seit 1993 ~~gibt, und~~ da kommt ~~HAPSI ABSI~~ PIPSI POPSI ~~LIPSI~~ gerade recht. Das ist eine ~~mögliche Erklärung für unser~~ Lieblings-~~Akronym. Vielleicht ist es Finnisch und bedeutet~~ „Dieses Buch ~~ist ideal~~ fürs ~~Workout". Es bedeutet aber auf jeden Fall~~ Film, Performance, ~~Musik, Show und~~ Musical. Spaß, gehäkelte ~~Monster und eine Menge lecker~~ Kuchen. Es gibt ~~aber auch eine Menge~~ Plüschtitten, ~~M~~uschis und ~~selbstverständlich auch~~ Schwänze. ~~Aufregende Erotika, wunderbare Anleitungen~~ zum Selbermachen und sogar einen Stadtplan von ~~Happyhausen. Damit du endlich weißt, wo die~~ Dagmar-Koller-~~Turnhalle ist. Ganz besonders~~ stolz sind wir ~~aber~~ auf den Index. Da kann man nachschauen, ~~wenn man~~ ein bestimmtes Wort ~~sucht.~~ Monster z~~um Beispiel,~~ Muschi ~~oder~~ Penis. ~~Hoffentlich hast du Nerven wie~~ Schamhaare, die brauchst du nämlich jetzt. Viel Vergnügen mit deinem ~~neuen,~~ wunderbaren ~~Happybuch!~~

~~Deine~~ Herausgeber

~~P.S.: Heute schon~~ klicki-klicki gemacht? ~~Weil du von H.A.P.P.Y. sicher nicht genug kriegen kannst,~~ findest ~~du häufig~~ in diesem Buch ~~QR-Codes. Links zu~~ noch mehr Bildern, ~~Texten,~~ Videos und Musik. ~~Damit du auch mal was anderes anschauen kannst als immer nur Papier.~~

~~P.P.S.: Eigentlich wollten wir dieses Vorwort mit Spucke schreiben, aber dann hätte ja niemand was lesen können. Also haben wir uns gegen~~ Spucke und ~~für~~ Balsamico-Reduktion ~~entschieden.~~ Da kommt man sich gleich vor wie in ~~so~~ einem ~~schicken~~ 5-Sterne-Restaurant. ~~Mindestens.~~

~~P.P.P.S.:~~ Bildet Lochgemeinschaften!

00

ANGEFANGEN HAT ALLES 1993 MIT DEM
KÜHLSCHRANK, DER IN EINEM WIENER
SZENELOKAL PLÖTZLICH DORT STAND, WO ER
NICHT HINGEHÖRTE – NÄMLICH MITTENDRIN.

DIE AKTION WAR WEDER SEHR VERSTÄNDLICH NOCH BESONDERS LUSTIG, ABER IMMERHIN HAPPY.
GENAUER: EIN H.A.P.P.Y – MIT VIER PUNKTEN. UND MANCHE FANDEN'S SOGAR UNTERHALTSAM.

DER DEPLATZIERTE KÜHLSCHRANK VERANSCHAULICHT JENES
PRINZIP, WELCHES DAS KOLLEKTIV ZUR STRATEGIE MACHTE:
IRRITATION. MAN GLAUBT, MAN IST IM FALSCHEN FILM, MUSICAL, MUSEUM.

IST DAS JETZT LUSTIG ODER KANN DAS WEG? SIND SIE EIN MENSCH ODER EIN MONSTER?
DARF MAN SICH ÜBER X, Y ODER Z LUSTIG MACHEN, OHNE DASS GLEICH DIE P.C.-POLIZEI AUFTAUCHT?

IST DAS KUNST ODER KANN DAS JEDER? UND:
KÖNNTE MAL BITTE JEMAND DEN CLOWN ABSCHMINKEN?

DIESES KAPITEL ZEIGT, DASS ES BEI H.A.P.P.Y UM WEITAUS MEHR GEHT
ALS UM DIE ERHEITERUNG DER WELT. UND ES ZEIGT,
DASS SICH DAS AUSSERORDENTLICH UMFANGREICHE WERK DER GRUPPE
UM HERRN TOMTSCHEK RELATIV LEICHT IN DIE KUNSTGESCHICHTE EINORDNEN LÄSST

– VON DADA BIS WIENER AKTIONISMUS, VON PERFORMANCE-ART
BIS FLACHWARE, VON KÖRPERKUNST BIS BOLLYWOOD.

IST DAS NICHT WUNDERBAR
IRRITIEREND? UND, NEIN:
DAS KANN NICHT WEG.

WIR HÄTTEN EWIG SO WEITERMACHEN KÖNNEN

WIESO AUS H.A.P.P.Y NIE EINE KOMMUNE WURDE UND WARUM DAS GUT SO IST

CHRISTOPHER WURMDOBLER

Es gibt ja Statistiken und Archive, wo man nachschauen kann: wieviel Kilo Wolle für H.A.P.P.Y verhäkelt wurde, wie viele Liebespaare, wie viele Scheidungen, wie viele Liter Farbe und wie viele Quadratmeter Sperrholz verbraucht wurden. Oder wie viele Besucher es gab. Und dann sind da Zahlen: 450, 78, zwei, hunderte, eine Menge. 82.255: So viele Besucher hatte das H.A.P.P.Y in den Wuk-Jahren. Schätzt man noch einmal knapp 20.000 dazu, die seit 1993 woanders H.A.P.P.Y waren, kommt man auf eine erstaunliche Zahl. 100.000, jetzt ohne Übertreibung.[2]

"H.A.P.P.Y IM WUK, DAS WAR WUNDERSCHÖN. DA WAREN FRAUEN UND MÄNNER UND NEBEL UND LICHT UND LAUTE MUSIK UND ES WAR WAHNSINNIG SEXY UND GROSSZÜGIG. DA WURDE GROSSZÜGIGST MIT IDEEN UM SICH GEWORFEN. UND ES GAB DROGEN UND ALKOHOL UND ALLE WAREN GUT DRAUF, ABER DA WAREN KEINE SCHNIPPISCHEN TUSSEN UND KEINE MACHOIDEN KOMAKAMPFTRINKER. DA WAREN ECHTE MÄNNER UND ECHTE FRAUEN UND ALLE WAREN JUNG UND SCHÖN UND MAN DURFTE SOGAR ZIGARETTEN RAUCHEN. UNS HAT'S WIRKLICH GEFREUT, DORT ZU SEIN, UND EIN PAAR IDEEN MIT HEIMNEHMEN KONNTE MAN AUCH, ODER WEN AUCH IMMER."[1]
Gelatin, 2013

Das muss man sich vorstellen: Zweimal das Wiener Stadion voll mit Menschen, auf der Bühne ein gigantisches Happyning. Geht man von mehr als 400 Aktionen aus, so genannten Happynings, Shows, Performances, Filmen, die bislang unter dem Label H.A.P.P.Y realisiert wurden, und rechnet durchschnittlich acht Akteure pro Abend, dann wären bei diesem Stadion-H.A.P.P.Y 3200 Performerinnen und Performer involviert. Auf einer effektvoll ausgeleuchteten, mit fantastischen Dekorationen aus Plüsch und Pappe vollgeräumten Bühne würden die ihr Ding durchziehen. Dazu ohrenbetäubender Lärm aus übereinandergetürmten Lautsprecherboxen, verursacht von zig DJs und Bands. Simultan würden da hunderte skurrile Geschichten erzählt, würde getanzt, gesungen und Gesellschaftsthemen verhandelt und persifliert.

Und, ja: es ginge selbstverständlich auch um Sex. Sex ist bei H.A.P.P.Y sowieso das Größte: Omas, Opas, Clowns, Geschäftsleute, das Christkind oder bizarre Burlesque-Gestalten zögen blank. Sozusagen eine Orgie im größten Darkroom der Welt, bei der sich die Menschen schließlich ihre Nackt-Kostüme aus rosa Trikot-Stoff von den Leibern rissen – und darunter frisch gewaschene Unterwäsche zum Vorschein käme. Körpersäfte flössen keine, Ersatzflüssigkeiten hingegen schon. Hardcore ist nämlich bei H.A.P.P.Y traditionell niedlich, eklig ist lustig und Humor die große Antriebskraft, die alles zusammenhält. Dieses gigantische H.A.P.P.Y-Spektakel im doppelt gefüllten Stadion mit 3200 Mitwirkenden könnte man sogar vom Weltraum aus sehen: glitzernd, funkelnd, schrill und bunt. Wer würde da nicht mitmachen wollen!?

Was ist dieses Wiener Phänomen rund um seine zentrale Figur Tomtschek (1968–2011)? Beim Übersetzen lieferte die Dolmetscherin aus der englischen Eigendefinition eine gehörige Portion Gaga, die stehen blieb: H.A.P.P.Y, heißt es dort, sei *eine Gruppe von Personen, das sich ihr Leben dem gewidmet haben: Realisierung von idiotic projects. Die Unterseite für alle Tätigkeiten ist*

---

[1] Original Wortspende von Gelatin.

[2] Dem Autor ist bewusst, dass das niemals 100.000 verschiedene Menschen sein können, aber durchschnittlich 250 Besucher pro H.A.P.P.Y erscheinen realistisch.

die Hausverein mit dem gleichen Namen, der in Wien gelegen ist. Gelegentlich finden Sie einen Einfach-Hören-Fußboden außerdem, aber hauptsächlich seine tiefe Untertagehausmusik, die Sie Besuchs-H.A.P.P.Y gegenüberstellen müssen."[3]

Bleiben wir zunächst auf dem „Einfach-Hören-Fußboden" der Tatsachen und lassen den Wiener Rapper Skero berichten: „Eines Tages landete ich zufällig in der Blue Box und kannte mich überhaupt nicht mehr aus. Da stand mitten im Lokal ein Glücksrad, wie beim Millionenrad von Peter Rapp. Und daneben stand so eine völlig arg verkleidete Frau, oder ein Typ, keine Ahnung. Die verlosten ständig Sachen. Man hörte zwar nichts, weil die Musik so laut war, aber die zogen das den ganzen Abend durch. Ich war dann regelmäßig dort, weil die H.A.P.P.Y-Festln einfach geil waren. Der Tomtschek hat sich immer etwas überlegt."[4]

Herr Skero hat bei seinem frühen Kontakt mit H.A.P.P.Y die wichtigsten Prinzipien erkannt: verstören, verkleiden, verlosen und – durchziehen. Partizipieren wäre noch eine Option gewesen, doch das trauten sich anfangs nur die Mutigsten. Und: Man muss ja auch nicht mitmachen. Publikumsbeteiligung war und blieb eine von vielen Möglichkeiten. Die Happynings, die später weitaus kompliziertere Inhalte hatten als eine Nacht lang am Glücksrad zu drehen, waren oft eine Zumutung. Komplexe Installationen, seltsame Begegnungen und stets auch Humortest. Die Aktionen waren dem Publikum gegenüber aber immer so gestaltet, dass man sie auch schlicht ignorieren konnte; auf der Tanzfläche zu Deep House die Sau rauszulassen stellt schließlich auch eine Partizipation am Gesamten dar, am Gesamtkunstwerk.

Man muss das, was Tomtschek und Co. mit H.A.P.P.Y realisierten, nicht als „idiotic projects" abtun. Vielmehr lässt sich das, was H.A.P.P.Y macht und ausmacht, auch ohne Tricksen in die Tradition des Wiener Aktionismus stellen. Oder von Fluxus. Oder man definiert H.A.P.P.Y als konsequente Fortführung des Dadaismus, der mit dem Cabaret Voltaire in Zürich seinen Anfang nahm: „Es wurde H.A.P.P.Y genannt, und das, was sie machten, Happyning, und es war dem, was etwa achtzig Jahre zuvor in Zürich passierte, gar nicht so unähnlich"[5], schreibt der Zeichner und Autor Tex Rubinowitz.

Aktionismus? Dadaismus? Nö: Happyning. Keine Pisse, kein Blut, keine Lautmalerei – und auch keine Kommune auf dem Lande mit selbst gehäkelten Hütten, in denen Tomtschek und seine bunte Truppe gemeinschaftlich die Ausdruckstanzbeinchen schwingen. Glücklicherweise nichts dergleichen. Dafür 20 Jahre Unterhaltung, Performance, soziale Plastik, urbaner Trash, ein bisschen Scheitern, mehr Ernsthaftigkeit und Politik als viele erwarteten (oder: mitbekamen) und trotzdem 100.000 glücklich gemachte Menschen. H.A.P.P.Y hat mit wechselnden Akteuren, immer neuen Figuren, Plüsch und Wolle, einem Reichtum an Formen und Formaten Wien verändert und besser gemacht. Seien wir darum froh, dass die zwei Jahrzehnte H.A.P.P.Y nicht in einem gigantischen Urknall gebündelt wurden. Kein einmaliges, lärmiges Stadion-Spektakel mit 3200 Mitwirkenden, sondern alles hübsch häppchenweise. Happyweise.
„Wir hätten ewig so weitermachen können", meinte Alexander, Mitglied der H.A.P.P.Y-Bande, nach dem Unfalltod von Tomtschek, dem Mittelpunkt des losen Kollektives.
Und was passiert? Wir machen weiter.
Ein Beweis dafür ist dieses Buch.

[3] www.h-a-p-p-y.net   [4] Skero in „Wien Pop" (Gröbchen, Miessgang, Obkircher, Stöger, Falter Verlag, Wien 2013).   [5] Tex Rubinowitz: „Die Juttajugend" (in Falter 43/04).

SPASS MUSS SEIN

ABER NICHT UM JEDEN PREIS.
DIE INSTITUTIONSKRITIK DES KOLLEKTIVS
H.A.P.P.Y IM KONTEXT DER WIENER
PERFORMANCE-SZENE

MATTHIAS DUSINI

Die Neunzigerjahre brachten auch in Wien ein beispielloses Neben- und Übereinander der Szenen hervor. Politische Konzeptkunst gedieh neben hedonistischer Clubkultur, aktivistische Medienkunst neben kritischem Diskurs. Auch die Performancekunst testete institutionelle Barrieren, die Grenzen zwischen Firmenfeier, queerem Rave und Kunsthappening wurden durchlässig. In den von digitalen Werkzeugen beschleunigten Creative Industries verblassten die Unterschiede zwischen Produzenten und Konsumenten, zwischen Spaß und Arbeit.

Consulting- und Werbefirmen belebten ihre kargen Präsentationsräume mit dem Wir-Gefühl der Technokultur, Bühnenbildner nutzten die Wartezeit bis zum nächsten Theaterauftrag mit gut bezahlten Kunstpausen. Für viele junge Kreative waren Geld und Kunst keine Gegensätze mehr, sondern produktiv nutzbare Abhängigkeitsverhältnisse. In diesem symbolpolitisch aufgeladenen Feld zwischen Fun-Verwertung und politischem Selbstausdruck, institutioneller Vereinnahmung und subkultureller Verweigerung setzte das respektlose Gelächter des Kunstkollektivs H.A.P.P.Y ein. Einmal die Woche verwandelte die Gruppe das New-Wave-Lokal Blue Box in eine trashig bunte Partyhölle. Zeremonienmeister Tomtschek trat als kranker Plüschvogel oder als Gogogirl auf, dirigierte Massenhochzeiten und inszenierte aus aktuellen Medienberichten entlehnte Minidramen, etwa „Die Marienerscheinung im Kohleschacht". Der Erfolg der H.A.P.P.Y-Abende war so groß, dass der Club in das Kulturzentrum Wuk übersiedelte. Oberstes Gebot der „Happynings" war: Mach das, was am peinlichsten ist und was du am wenigsten kannst! Zum Beispiel Singen und Tanzen.

Ernst genommen wurde der Spaßismus allmählich auch von Galeristen und Kuratoren. Der Club H.A.P.P.Y bekam 1996 den Kunstpreis der Wiener Städtischen. In der Ausstellung „Junge Szene" in der Secession produzierte die Gruppe eine Telenovela. Über mehrere Wochen hinweg entstand „Felicidad – Dornenwege zum Glück". Darin verliebt sich ein junges Mädchen in einen reichen Knaben, den sie nach vielen Irrungen und Wirrungen tatsächlich bekommt. Das Publikum durfte über den Verlauf abstimmen, das Budget für 14 Folgen betrug 5000 Schilling ... Danach schloss sich die Tür zum Kunstbetrieb wieder. „Die Kunstszene nahm das nicht ernst genug", befand Tomtschek in einem Interview.

Der Club H.A.P.P.Y funktionierte als Bühne für die fröhliche Verwurstung von Popkulturphänomenen – außerhalb der Kunst oder vielleicht gerade deshalb. „Mir ist die Kunstszene zu verkrampft", meinte Tomtschek. „Für mich funktioniert das H.A.P.P.Y, solange die Leute Spaß haben." Aber auch gegenüber der anderen Seite, dem poppigen Kulturcatering, grenzte sich H.A.P.P.Y ab: „Wenn man sich verkauft, kann man nicht mehr den Anspruch erheben, zur Subkultur zu gehören." Der Gschnaskunst-Aktionismus des H.A.P.P.Y-Kollektivs ließ mit seinen Körpersatiren und hedonistischen Housebeats die rocklastige Indiewelt wie eine in die Jahre gekommene

Hetenfantasie erscheinen. Er grenzte sich auch von den Edelclubbings ab, wo die aus dem schwulen Underground kommende Housemusic und die Drag-Queen-Performance sogar für die damals im Aufwind befindlichen Feschisten vom Wörthersee konsumierbar wurde. Die H.A.P.P.Y-Regieanweisung lautete: Dragqueens ja, aber als Hausfrauen mit schlecht sitzenden Perücken. Was H.A.P.P.Y im Umfeld der Musikszene ausprobierte, etablierte Kurt Palm mit dem „Sparverein Die Unzertrennlichen" im Wiener Offtheater: einen lustigen Dilettantismus, der auch als durchaus ernsthafter Angriff auf die müden Gewohnheiten des Genres interpretiert werden konnte. Wer sich jeden Anstrich von Seriosität verweigert, steht unter Blödelverdacht. Mitte der Neunzigerjahre, als in Wien Gruppen wie H.A.P.P.Y, die Art Party Gang, die Geschwister Odradek und dann auch Gelatin drauflosperformten, konstatierte die Schweizer Kunstkritikerin Yvonne Volkart in der Zeitschrift *Springerin* eine „Abkehr von oder das Desinteresse an institutionskritischer und (neo)konzeptioneller Kunst. Anstelle ‚trockener' und ‚politisch korrekter Faktenhuberei' locken spaß- und lustvolle Partys und Events."

„WENN MAN SICH VERKAUFT, KANN MAN NICHT MEHR DEN ANSPRUCH ERHEBEN, ZUR SUBKULTUR ZU GEHÖREN."
Tomtschek

Im Nachhinein erkennt man die Konsequenz, mit der sich H.A.P.P.Y auch der Nachfrage der Kunsthallen und Museen nach Spektakel entzog; allerdings um den Preis, dass der Gruppe die theoretische Einbettung in die Geschichte der Performance-Kunst bisher verweigert blieb. Vergleichbare Aktionen etwa der Gruppe Gelatin gingen ihren Weg durch die Kunstwelt. Der Gender-Karneval von H.A.P.P.Y fand hingegen außerhalb des Reichs der Kunsttheorie, in der Judith-Butler-

Fußnoten der Sache Gewicht verleihen, statt. Was zählte, war die Propaganda der Schandtat.

Telenovelas und Castingshows, Misswahlen und der Opernball: H.A.P.P.Y griff auf publikumswirksame Medien- und Eventformate zurück, um sie mit Tonnen von plüschiger Brachialsatire zu füllen. Aus „Starmania" wurde „Stiermania", aus der ein Meidlinger Zuchtbulle mit dem Hit „Besame mucho" als Sieger hervorging. „Steffi, Wanderjahre einer Tennisprinzessin", ein weiteres Projekt von Tomtschek und Co, war als „schlechtestes Musical der Welt" angekündigt und dennoch ein Erfolg.

In den Boomjahren von Eventgastronomie, Schlagerimitatoren à la Guildo Horn und Queer-Glamour für die ganze Familie à la Life Ball hatten die Ritter des schlechten Geschmacks alle Hände voll zu tun. Als auf dem Rosenball, der Alternative zum Opernball, die ersten Wichtigtuer auftauchten, rief H.A.P.P.Y den Mauerblümchenball ins Leben – „für alle, die weder reich noch glamourös noch schön sind".[1] Empfohlene Kleiderfarbe auf dem Antianti-Opernball war Beige.

Was das H.A.P.P.Y-Fun-Universum von zynischen Spaßisten wie dem deutschen TV-Unterhalter Stefan Raab unterschied, war eine immer wieder durchschimmernde Sehnsucht nach den großen Gefühlen, die sich gerade dort zeigen, wo sie von Kitsch und Konvention korrumpiert scheinen. Die Rückkoppelung in die Society-Medien versuchte man zu vermeiden. Als ein „Seitenblicke"-Team des ORF einen H.A.P.P.Y-Abend filmen wollte, wurden an die Partygäste schwarze Augenbalken verteilt. Spaß muss sein, aber nicht um jeden Preis.

Matthias Dusini ist Kunstkritiker beim Falter und Buchautor.

[1] SIEHE AUCH SEITE 110FF.

„OHNMACHT BRAUCHT

QUEERE STRATEGIEN DER H.A.P.P.Y-AKTIONEN AUF DEN CSD-PARADEN IN WIEN
ANDREA B. BRAIDT

OUT OF THE CLOSETS, INTO THE STREETS
WHAT DO WE HAVE? GAY POWER! GAY POWER! GAY POWER!
HI, MOM!
SMASH SEXISM!
HOMOSEXUALITÄT IS NOT A FOUR LETTER WORD!
(Slogans auf dem ersten CSD-Erinnerungsmarsch 1970 in New York)

„DIE STONEWALL RIOTS FANDEN ZU EINER ZEIT UNTERSCHIEDLICHSTER
GESELLSCHAFTLICHER UMBRÜCHE STATT UND KÖNNEN SOMIT AUCH NICHT ISOLIERT
BETRACHTET WERDEN, DENN DIE BEWEGUNG RADIKALISIERTE SICH AUFGRUND EINER
ALLGEMEINEN RADIKALISIERUNG. DER WESENTLICHE UNTERSCHIED ZU ANDEREN
PROTESTFORMEN WAR EINE NEUE KÖRPERLICHKEIT DER AUSEINANDERSETZUNG MIT
DER HOMOPHOBEN GESELLSCHAFT. NICHT MEHR DIE ANPASSUNG WAR DIE
VORRANGIGE STRATEGIE, SONDERN DIE ÖFFENTLICHE KONFRONTATION MIT EINEM
DIVERGIERENDEN BEGEHREN, DAS BUCHSTÄBLICHE EINNEHMEN DER STRASSE
ALS ORT DER VERHANDLUNG UND DAS RECHT AUF RECHTE MACHTE DIESE
STRATEGIE SO ERFOLGREICH."
(Huber 2013, 123)

Ausgehend von einer genauen Rekonstruktion der „Gründungsnächte" für die CSD-Paraden,
der historischen Aufstände im Stonewall Inn *(New York, 27. Juni 1969 – 3. Juli 1969)*, erklärt
die Wiener Kulturwissenschafterin und kulturpolitische Aktivistin Marty Huber, wie die Kritik an
der Dominanz eines einzigen, US-amerikanischen Referenzpunktes für die Paraden selbst
eine Homogenisierung produziert, indem sie die klassenspezifischen, geschlechterdifferen-
ten und sehr unterschiedlich marginalisierten Gruppen vereinte, die auf je ihre Art im Stonewall Inn an der Christopher Street einziges Refugium, Sexort, Kontaktbörse sowie fallweise
Erleichterung des Daseins als obdachloser Sexarbeiter fanden.
Die Verteidigung dieses Ortes in den „Gründungsnächten" des CSD weist daher nicht nur eine
Bandbreite von Positionen auf, aus denen agiert wurde, sondern legt bereits den Grundstein
für aktivistische, körperliche und rhetorische Praxen des Protests und Widerstands, die in
vielen Paraden zugunsten einer einzigen dominanten Praxis vernachlässigt werden, nämlich

ONTROLLE"

jener der (oft nicht einmal geschlechterverwirrenden) Verkleidung, die mit den transvestitischen Verfahren des Drags
oder der transsexuellen bzw. intersexuellen Notwendigkeit
des Crossdressings nur mehr wenig bis gar nichts zu tun hat.

Eine der für unseren Zusammenhang interessantesten Praxen
aus den Gründungsnächten ist jene des Beschämens des
Staatsapparates. Um die Verhaftung ihrer Freund_innen, Gelieb-
ten, Leidens- und Schicksalsgenoss_innen zu stören, begannen
diejenigen, die sich aus Solidarität nach der Razzia im Stonewall Inn
draußen bei den Polizeibussen versammelt hatten, die Polizeiwagen
mit Münzen zu bewerfen. Mit dem Slogan „Let's pay off the cops"
(„Lasst uns doch die Bullen bestechen") begann die Menge, kleine
Münzen und in Folge Flaschen, Steine etc. nach den Autos zu werfen,
was dazu führte, dass sich die Polizei im Stonewall Inn verbarrikadieren
musste. *(Huber mit Carter 2004 in Huber 2013, 121f)*
Die Erinnerung der Polizei an ihre eigene Bestechlichkeit, einhergehend mit
der darin enthaltenen Feststellung, dass die gegen die Besucher_innen des
Stonewall Inn gerichteten Razzien eben auch eine wesentliche Klassenkom-
ponente in sich trugen, führte unter Zuhilfenahme von gefundenen Objekten der
Straße bzw. Münzen dazu, dass, wenn schon nicht die Rollen, so zumindest die
Orte vertauscht werden mussten. Die Unterwanderung der Beschämung und Beschimpfung durch Umkehr sollte dann auch zum Definitionsmerkmal jener (sprach-
lichen, identitären, sexuellen) Prozesse werden, die Judith Butler 1993 so treffend
als „Auf kritische Weise queer" *(Butler 1993)* beschreiben würde. Und so wie der eh-
renrührige Hinweis auf die Bestechlichkeit für die Polizisten am Stonewall Inn die Spur
der Verletzung (des Polizistenstolzes) in sich trug und dadurch für die einen demütigend
und für die anderen ermächtigend wurde, insbesondere deshalb, weil ja diejenigen, die
die Münzen warfen, damit ihrer Ohnmacht Ausdruck verliehen, da sie ja nicht hatten, was
in der Währung der Bestechlichkeit von Wert gewesen wäre (Geld, Macht, Einfluss, Seil-
schaften), so birgt auch „queer" als Rahmen für eine Handlungsweise nur dann das Potenzial
der Subversion und des ermächtigenden Zurücksprechens, wenn seine Geschichte als Begriff
der Beschimpfung und Beschämung gegenwärtig bleibt. Diese Vergegenwärtigung geschieht,

so meine ich, einerseits durch Insistenz auf einer historischen Perspektive allen Handelns, das im Zeichen von „queer" erfolgt, und durch den immer aufs Neue herzustellenden Bruch mit der von neoliberalen Marketingstrategien getragenen Abrundungen und Entkantungen des Begriffs als affirmatives Adjektiv, das womöglich auch noch Lifestyle-Status erlangt, indem es auf vermeintlich politisch korrekte Weise auf alte Klischees über Homosexuelle abgestellt werden kann („The Queer Cookbook", „Queer Eye for the Straight Guy").

Diese Vergegenwärtigung der Spur der Verletzung von queer und der gleichzeitige Bruch mit seiner positive-image-Kampagnisierung geschieht jedoch auch in aktivistischen Praxen, die anstatt Affirmation und Anpassung Grenzüberschreitungen und Appropriation als modus operandi wählen.

Die jährlichen Auftritte von H.A.P.P.Y bei den Wiener CSD-Paraden („Regenbogenparade")[1] seit 1996 funktionieren als Grenzüberschreitungen in diesem Sinne. Formal ist den Auftritten gemein, dass es sich um eine zu Fuß mit der Parade mitgehende Gruppe handelt.
Das Marschieren signifiziert einerseits einen geringeren finanziellen Einsatz, wie es im Gegensatz dazu das Anmieten großer Wägen mit installierter Bar, DJ-Pult, Soundanlage und aufwendiger, oft durch Sponsoren ermöglichter und von deren Logos ergänzter Dekoration bedeutet.
Andererseits besteht die Form des Marschierens selbstverständlich auf der Form der Demonstration und erinnert somit an das, was Paraden vielerorts noch sind und sein müssen, nämlich Vereinnahmungen des öffentlichen Orts, um die Durchsetzung von Bürger-rechten für homosexuelle, trans- und intersexuelle Menschen einzufordern. Und drittens ist diese Form der Gruppenorganisation auf einer ästhetischen Ebene dem Prinzip des D.I.Y. geschuldet, das wohl als das H.A.P.P.Y-Gestaltungsprinzip schlechthin gelten kann.
Ein weiteres konstantes Element der CSD-Paradenauftritte ist die Geschlechterdurch-mischung der partizipierenden Personen sowie, und dies ist besonders bemerkenswert, weil auf der Wiener Parade selten, die intersektionelle Positionierung, von der aus gehandelt, also sich verkleidet wird, Themen gefunden und Slogans formuliert werden. H.A.P.P.Ys Paraden-auftritte brechen dadurch die „Single Issue"-Rhetorik, die sich auf Paraden weltweit durch-gesetzt hat (mehr Rechte für Homosexuelle). Denn die Gruppe findet das Thema nicht aufgrund einer Gruppenidentität oder aufgrund eines politischen Anliegens, das die Teilnahme an der Parade motiviert (Gay Business Women; Dykes On Bikes; Grüne Anders-rum; Schwule Feuerwehr Wolkersdorf), sondern aufgrund einer profunden und aktuellen gesellschaftspolitischen, medienkritischen, kulturellen bzw. künstlerischen Analyse.
Die Rhetorik, in der die Positionen eingenommen werden, ist dabei immer metadiskursiv und Paraden-selbstreflexiv. Die Reflexivität wird in der Regel zunächst durch die Konstruktion einer (fiktiven) Gruppe hergestellt, als die sich das H.A.P.P.Y-Kollektiv ausgibt. Diese Gruppenidentität bezieht sich oft auf eine gesellschaftspolitische Position, die dem Anliegen der Parade antagonistisch entgegengestellt oder zumindest nicht in deren Zentrum situiert ist (Pfadfinder, Hooligans, Burschenschafter etc.).
Die Homophobie dieser Gruppen stellt H.A.P.P.Y durch die Annahme homosexueller etc. Fragmente dieser Gruppen aus, die ihre Anliegen auf der Parade vertreten bzw. durch

[1] SIEHE AUCH SEITE 164FF.

markige, tabubrechende Slogans Sichtbarkeit erzeugen wollen („Pimmel drin statt Pummerin"; „Christen fisten? Nur mit Trauschein!"; „Großer Schwanz statt Rosenkranz"). Die explizite Sprache wendet sich in ironisierender Weise gegen die Pseudo-Grenzverletzung der nackten Körperteile oder maskierten Möchtegern-Drag-Queens der restlichen Parade. Die Konstruktion von in der Regel absurden, wenn nicht ins Surrealistische deutenden Gruppenidentitäten (Exhibitionistinnen und Gliedherzeiger aus dem Salzkammergut; Trachten-Fäkalisten Oberdöbling) ironisieren die Gruppenbildungspraxis der Paradenteilnehmer_innen als Nachahmung der mehrheitsgesellschaftlichen Gruppenbildungen.

Die Gruppe bei den H.A.P.P.Y-Paradenaktionen wird durch uniforme Verkleidung hergestellt, und gegen die Individualisierungs-Insistierung vieler anderer Paradenteilnehmer_innen scheinen die H.A.P.P.Y-Mitglieder dadurch auf ihre Funktion (als Demonstrant_innen) und weniger auf ihre Person aufmerksam machen zu wollen. Doch wesentlicher als die Verkleidung ist die Sprachlastigkeit der Aktionen: Das visuell prägendste Element ist der Wald an Sloganschildern, welche die Sprechweise der Aktionen in der grafischen Gestaltung des jeweiligen Bezugspunktes (FPÖ-Werbekampagne, Kronen-Zeitung-CI, Frakturschrift der Burschenschafter_innen) klar kommuniziert: „Kröne fordert: Alfons werde Hetero!", „Kröne fordert: Hände über die Decke, Schönborn!", „Kröne fordert: Heteros raus aus dem Rathauspark!", „Kröne fordert: Mehr Lesben auf Seite 5!" oder „Tuntenhausen liest Krönchenzeitung", „Braun ist bei uns nur die Liebe", „Abendland in Fistinghand", „Heteros raus aus unserem Rathaus", „Ein echter Wiener geht mit Tunten", „Mein Popo schlägt Rosa-Weiß-Rosa", „Töte die Hete in dir!", „Wien muss 99 % gay bleiben".

Die Appropriation von Slogans aus homo-antagonistischen Kontexten durch die H.A.P.P.Y-Aktionen stellen, so meine ich, den Bezug zur historischen Dimension von „queer" her, indem sie die Beleidigung in „Umkehr-Sprüchen" entmachten und lächerlich erscheinen lassen. Oder auch indem sie die Anpassungssprüche der Gay-Pride-Bewegungen durch Umkehr und Ironie radikalisieren („Meine Mom ist Hete und ich liebe sie trotzdem"). H.A.P.P.Y produziert dadurch für die Wiener CSD-Parade seit ihrem Beginn 1996 Möglichkeiten zur Aufdeckung der blinden Flecken der Selbstthematisierung und kritischen Distanznahme. Und ist in diesem Sinne für die Sichtbarmachung queerer Lebensentwürfe und die ständige kritische Hinterfragung der dafür notwendigen Rahmenbedingungen zentrales Medium.

Andrea B. Braidt ist Film- und Medienwissenschafterin mit Forschungsschwerpunkten in Erzählforschung, Genrefilm und Queer Cinema. Seit 2011 ist sie Vizerektorin für Kunst und Forschung an der Akademdie der bildenden Künste Wien.

Dank an: Christopher Wurmdobler, Marty Huber, Nicole Alecu de Flers

Literatur: Judith Butler (1993), Bodies That Matter. On the Discursive Limits of Sex. New York: Routledge.
David Carter (2004), Stonewall. The Riots that Sparked the Gay Revolution. New York: St. Martin's Griffin.
Marty Huber (2013), Queering Gay Pride. Zwischen Assimilation und Widerstand. Wien: Zaglossus.

MORPHOLOGIE DER SEIFENOPER, ODER: DAS ENDE DER THEATERPANIK

**ÜBER PARTIZIPATION IM THEATER UND WIESO MAN BEI H.A.P.P.YS „S.O.A.P."
NICHT EINMAL DAVOR ANGST HABEN MUSS**

DANIEL KALT

Es gibt, ich stelle hier diese Behauptung einfach ohne Vorab-Konsultation von Koryphäen der Psychologie des Kindes in den Raum, wahrscheinlich genau drei Typen sehr junger Besucher von durch die Länder tourenden Kasperltheater-Vorführungen: die lieben Kleinen, die es nicht erwarten können, für irgendeine Art der Interaktion von den unverbesserlich heiteren Hauptdarstellern zur Puppenbühne gerufen zu werden; die anderen, die dem Spektakel gelassen beiwohnen und zwar nicht besonders erpicht auf dreißig Sekunden Turnsaal-Stardom sind, ihn aber doch leidlich gut wegstecken können. Und dann noch die, die der Vorführung mit Angstschaudern entgegensehen und schließlich voll eines Gefühls, das ich nicht anders als Kasperltheaterpanik nennen kann, durchstehen, weil sie sich eben nichts weniger wünschen als von der gefürchteten Krächzstimme des Kasperle zu partizipativen Handlungen aufgerufen zu werden.

Selbst die Kasperltheaterpanikkinder (die übrigens bei Gelegenheit später einmal durchaus Rampensaugelüste entwickeln können, das lässt sich wundersamerweise vereinen) wachsen jedoch zu Erwachsenen heran, die ungeachtet aller traumatischen Kindheitserlebnisse der Rezeption theatraler Darbietungen keineswegs notwendigerweise abhold sind. Inszenierungen in großen Theatern „mit Rampe", die den Zuschauerraum von der Bühne fein säuberlich trennt und darum das Interaktionsprinzip wenig unterstützt, werden von diesem Typus freilich

bevorzugt; rampenlose Keller-, Hinterhof- und sonstwie unkonventionell verortete Bühnen hingegen werden gemieden: Die Gefahr, dass die Zuschauer stichprobenartig ihrem passiven Stupor entrissen werden, man ihnen ein Mikrofon unter die Nase hält oder sie für ein Gastspiel auf die Bühne holt, ist dort ja umso größer.

Nun bleibt mir an dieser Stelle, um diese Präambel abzuschließen (ihr Sinn wird sich hoffentlich später erschließen), nichts anderes übrig als im Nachhinein meine Zugehörigkeit zur Fraktion der Kasperltheaterpanikkinder einzugestehen. Ein paar Funken kunstsinniger Courage haben im Lauf der letzten Jahrzehnte aber doch dafür gesorgt, dass ich mir auch den Besuch von rampenlosen Spektakeln zugetraut habe. Diese grundsätzliche Bereitschaft, die übrigens immer notwendiger wird, wo sogar auf einstigen Vorzeigebühnen konventionelle Klamaukkassenschlager dargeboten werden, hat sich auch tatsächlich ein einziges Mal auf wundersame Weise mit der einstigen Kasperltheaterpanik vermählt und diese rehabilitierenderweise in ihr Gegenteil gewandt.

Zugetragen hat sich diese späte Ausmerzung aller je erlittenen Traumata (ich wurde übrigens wirklich einmal im Turnsaal einer Volksschule in Lendorf, Oberkärnten, von einem fahrenden Zauberer coram publico hypnotisiert) beim Besuch der letzten Folge von Tomtscheks S.O.A.P.-Theaterseifenoper[1] im Wiener Wuk: Nachdem ich mich nicht zu-

[1] SIEHE AUCH SEITE 56FF.

letzt dank des regelmäßigen Besuchs von H.A.P.P.Y-Abendveranstaltungen durch die harte Studienzeit in den Neunzigerjahren gerettet hatte, bot sich eine Beschau dieser bühnenreif gemachten Genrepersiflage an. Vielleicht würde es ein bisschen zu weit führen zu behaupten, dass Tomtschek mit seiner S.O.A.P. für das TV-Format der Seifenoper etwas geschaffen hat, das analog zu Vladimir Propps „Morphologie des Märchens" in erzähltheoretischem Zusammenhang funktionierte. Andererseits – warum eigentlich?

Schließlich zielte der Theatermacher Tomtschek, wie weiland der Märchenanalyst Propp, instinktiv und gekonnt auf den wesenhaften Kern der Seifenoper ab, zeigte sich dabei nicht zimperlich und ließ konsequenterweise seine S.O.A.P. gleich mit der 1000. Folge beginnen – warum sich schließlich mit einem unerquicklich in die Länge gezogenen Vorspiel aufhalten? Jeder, der mit den Myriaden Handlungssträngen von Opera magna wie „Sinha Moça", „Reich und Schön" oder, natürlich, der „Lindenstraße" auch nur vage vertraut ist, wird (wie eben Tomtschek) verstehen, dass im nie endenden Fluss neuer Handlungsstränge die tausendste Folge ein ebenso logischer Zeitpunkt für den Neueinstieg ist wie die allererste. Spätestens am Ende einer Staffel, wenn nicht nach Auflösung des letzten Cliffhangers eigentlich am Beginn einer jeden Folge, werden ja die Karten neu gemischt.

Wer nicht schon bei der ersten (also, tausendsten) Folge von S.O.A.P. zu schauen begonnen hatte, konnte sich (und kann das noch immer) im YouTube-Kanal „Tomtschek1" von einer S.O.A.P.-Aficionada in echter Groupie-Manier die wichtigsten Eckpunkte à la „Was bisher geschah" erzählen lassen. Und anschließend voll Zuversicht das

unweigerlich ein wenig verwirrend bleibende – man hat immerhin mindestens die ersten tausend Folgen versäumt – Treiben auf der Bühne verfolgen, das auf keinen der Klassiker des Genres vergaß: Intrigante Doppelgänger versuchten, anderer Menschen Leben zu verpfuschen; Liebesbande wurden geschmiedet und zertrümmert und neu geschmiedet und wieder zertrümmert (und so weiter, und so weiter); weibliche Protagonistinnen lieferten sich unerbittliche (und für Perücken ebenso wie für Perlenketten riskante) catfights; es wurde gelogen und geliebt, gehasst und gelacht, gestritten und gefochten – miteinander, füreinander, gegeneinander.

Herr Tomtschek vergaß selbstverständlich auch nicht auf die unbedingte Notwendigkeit, einen der Hauptdarsteller ins Koma fallen zu lassen, und wenn die S.O.A.P. nur noch lange genug weiter gegangen wäre, hätte man bestimmt auch wegen der Amnesie eines Hauptdarstellers noch einmal von vorne beginnen müssen, beziehungsweise: dürfen. Einen Modejournalisten, der annehmen muss, dass er seinen Beruf letztlich wegen im Übermaß genossener „Dynasty"- und vielleicht auch „Dallas"-Folgen ergriffen hat, konnte dieses in allergrößtem Stil aufbereitete Seifenopernkondensat nur zu (fein säuberlich verinnerlichten) Stürmen der Begeisterung hinreißen.

Und genau da, genau darum erfolgte auch, wahrscheinlich nicht nur bei mir, die Umkehrung und Aufhebung der eingangs beschriebenen Kasperltheaterpanik: Bei dem Besuch einer S.O.A.P.-Folge (wie auch bei allen anderen Auftritten der H.A.P.P.Y-Crew, sei es als Regenbogenparadenputztrupp oder als Miss-H.A.P.P.Y-Jurorenriege oder als Musical-Cast) war es nicht mehr nur so, dass das Bitte-kein-Partizipationstheater-Wimmern im

Hinterkopf konsequent ignoriert werden musste. Nein, dieses rasante Theaterstück wurde bei aller unprätentiösen Schlauheit so unglaublich sympathisch vorgetragen, dass wahrscheinlich alle anwesenden Ex-Kasperltheaterpanikkinder sofort und aus freien Stücken auf die Bühne gelaufen wären, um dort eine Neben- oder auch zentrale Rolle für sich einzufordern.

Und darum sei an dieser Stelle ein für alle Mal bemerkt: Ein derart, das merkwürdige Wort, aber es passt so gut: menschliches, weil facettenreiches, phasenweise groteskes und haarsträubend lustiges Theater-Entertainment auf die Bühne zu zaubern, war keine geringe Leistung und bedurfte eines wirklich ganz besonderen Talentes. Auch – und gerade – das komische Genre bedarf schließlich seiner Genies.

Daniel Kalt ist Moderedakteur der Tageszeitung Die Presse und lebt in Wien.

„DA SIND WIR GANZ WIR, GANZ FREI"

WIE ES IST, WENN BEI H.A.P.P.Y DAS KOLLEKTIV WAHNSINNIIG KREATIV IST UND TROTZDEM EINER DEN ÜBERBLICK BEHÄLT

INTERVIEW: MARGIT WOLFSBERGER

Tomtschek: Wir sind H.A.P.P.Y und haben gerade „S.O.A.P."[1] gespielt.

Und wer bist du?

Tomtschek: Ich bin der Herr Tomtschek und der Regisseur von dem Ganzen.

Okay. Wen haben wir noch da?

Groeg: Ich bin der Groeg Oel. Ich bin erst kurz dabei. Vorher habe ich die Technik gemacht und jetzt bin ich auch als Schauspieler tätig. *Alexander:* Ich bin der Alexander Gostoso, und ich spiel da mit. Ich bin ein Mann, der eine Frau spielt auf der Bühne. *Margo:* Ich bin die Margo, ich hab meistens die Hosenrollen, ich weiß gar nicht, warum.

Gerade haben wir die 1004. Folge von „S.O.A.P." gesehen. Darf ich fragen, wann ihr mit der Zählung begonnen habt?

Tomtschek: Wir haben bei eins begonnen, dann kam zwei und dann drei. Glaub ich. Also wir haben bei 1000 angefangen, 1001, 1002, 1003 … „S.O.A.P." ist ja nur eines von vielen Projekten, die auch parallel laufen. *Alexander:* Letztes Jahr gab es ein Stück,

das hat Horror geheißen, also „H.O.R.R.O.R." mit Punkten, da haben wir unsere Ängste aufgearbeitet. *Tomtschek:* Im Sommer gab's das H.A.P.P.Y-Kuchenloch, eine Pop-up-Trash-Konditorei. *Groeg:* Das nächste Projekt heißt Sex, also „S.E.X.", und das wird auch ein Theaterstück. *Margo:* Und es wird wahnsinnig heiß, wie könnte es anders sein? *Alexander:* Das wird super. *Tomtschek:* Damit das Thema Sex endlich mal vom Tisch ist. *Alle:* Genau!

Eigentlich ist ja H.A.P.P.Y so was wie ein Gesamtkunstwerk. Was gehört noch zu diesem Imperium?

Tomtschek: Das H.A.P.P.Y-Imperium wächst und schrumpft. Es gab sogar mal einen Fernsehsender. Momentan kann man H.A.P.P.Y-TV nur in Südamerika empfangen. Auch die H.A.P.P.Y-Gazetti ist derzeit hier nicht lieferbar, weil sie auch nicht mehr auf Deutsch erscheint, sondern in 30 anderen Sprachen.

Hast du in deinem anderen Leben was mit Schauspiel zu tun, Margo?

[1] SIEHE AUCH SEITE 56FF.

Margo: Nein! Aber ich mach hier alle Dinge, die ich eigentlich schon immer machen wollte und nie gemacht habe. Das finde ich sehr schön. *Alexander:* Das geht vielen so, die hier mitmachen. *Tomtschek:* Ich glaube, wir haben gar keine Professionellen. *Alexander:* Wenn, dann werden sie rausgekickt.

Ihr seid also eine Laienbühne?

Alexander: Aber das schon sehr professionell. *Tomtschek:* Eigentlich sind wir eine Performance-Gruppe und machen diese Laienbühne nur als Kunstprojekt.

Sind Retro und Trash wichtige Elemente bei „S.O.A.P."?

Tomtschek: Trash ja, Retro weiß ich nicht. Obwohl, die Tapete ist schon retro. Und wir hatten Lady-Di-Zitate heute.

Wie macht ihr das als Gruppe? Hat da einer alle Ideen?

Alexander: Es ist schon so, dass der Tomtschek mit Grundideen kommt ... *Margo:* Der ist auf jeden Fall das zentrale Brain ... *Groeg:* Der kreative Mastermind, könnte man sagen.

DAS GESPRÄCH WURDE AM 6. 11. 2011 NACH EINER VORSTELLUNG VON „S.O.A.P." GEFÜHRT UND HIER LEICHT GEKÜRZT WIEDERGEGEBEN.

Tomtschek: Ich wäre nichts ohne meine Mitarbeiter! *Alexander:* Naja, es ist schon die Kreativität aller gefragt. Wenn man Ideen hat, werden die so weit wie möglich realisiert. *Margo:* Ich glaube, dass da auch verschiedene Altersgruppen ... *Tomtschek:* ... sag jetzt nicht Generationen! *Margo:* Genau: Generationen ... Nein, aber es ist gut, dass da eine bunte Mischung von Menschen und Charakteren zusammenkommt, damit da sehr viel Gutes rauskommt. *Tomtschek:* Manche Retro-Zitate können wir nicht nehmen, weil die keiner versteht. Da wart ihr noch im Kindergarten, als ich die schon lustig gefunden habe.

Streitet ihr manchmal?

Groeg: Streit würde ich nicht sagen. *Margo:* Es gibt schon manchmal Spannungen. *Tomtschek:* Wir zicken! *Groeg:* Das sind doch einfach die ganz normalen Star-Allüren. *Tomtschek:* Ich würde gerne mit den Leuten streiten, sie anbrüllen und dann ist alles wieder gut. Aber das geht nicht, weil wir alle Diven sind. *Alexander:* Meistens geht der Tomtschek dann raus.

Wie entsteht so ein neues Stück?

Tomtschek: Kommt darauf an. Bei der „S.O.A.P." muss das Gesetz der Serie eingehalten werden. Bei „H.O.R.R.O.R." oder „S.E.X.", das demnächst kommt, setzt man sich zusammen und sammelt, was einem einfällt. In diese Stücken sind ja auch ganz viele persönliche Erfahrungen reingewurstelt.

Aber wer trifft die Auswahl?

Ich sehe das ja auch als Medien- oder Konsumkritik. Muss es einen Anspruch haben, etwas bedeuten?

Tomtschek: Es muss nichts bedeuten. Bedeutung muss derjenige herausfinden, der das anschaut. Genauso wie er entscheiden soll, ob es Kunst ist oder Scheiße. Uns ist das wurscht. Wir machen es einfach so, weil wir es so machen wollen. Alles andere soll sich der Zuschauer selber denken. *Groeg:* Es ist wichtig, dass alle Mitwirkenden wirklich Spaß haben.

Gibt es so was wie ein Drehbuch?

Alle: Natürlich! *Alexander:* Wobei das sehr lose ist. In „S.O.A.P." gibt es ja mehrere Ebenen. Auf der Soap-Ebene gibt das Drehbuch nur den Inhalt vor, keine Dialoge. Die Boulevard-Komödie ist sehr gescriptet, da lernen wir Wort für Wort auswendig. Und es gibt noch die Meta-Ebene, wo wir wir selber sind. Da sind wir ganz wir, ganz frei. Da sind alle ich.

Margit Wolfsberger ist Kommunikationswissenschafterin, Kultur-/Sozialanthropologin und Radiomacherin.

CLOWN-WORKSHOP AM FKK-CAMPINGPLATZ

ÜBER DIE FIGUR DES CLOWNS IN DER KUNSTGESCHICHTE IM ALLGEMEINEN UND BEI H.A.P.P.Y IM GANZ BESONDEREN

MARGIT EMESZ

„Guignol" bedeutet im Französischen so viel wie „Hanswurst". Im Paris des ausgehenden 19. Jahrhunderts war diese Bezeichnung in Zusammenhang mit makabren Theaterinszenierungen ein populärer Begriff: Der Besuch des Théâtre du Grand Guignol garantierte Angst und Schrecken. „Grand Guignol" entwickelte sich zu einer Gattungsbezeichnung für Gruselstücke – der große Horror in einem Atemzug mit der Figur des Clowns. Im Geiste des Pariser Vorbilds wurde im Juni 2010 in Wien die H.A.P.P.Y-Produktion „H.O.R.R.O.R. – Clown-Workshop am FKK-Campingplatz"[1] uraufgeführt. Die Inszenierung startet unmittelbar mit einem Blackout, wie aus dem Nichts stehen direkt vor der ersten Zuschauerreihe grell geschminkte Clowns in Nackt-Kostümen und mit schaurigen Fratzen; Rampenlicht beleuchtet die Gesichter. Acht FKK-Clowns heben zu singen an: den Eartha-Kitt-Song „I Want To Be Evil" von 1953.

Was hat es auf sich mit der Figur des Spaßmachers, Held der Kinder und Schrecken der Erwachsenen, der als törichter Freigeist zu einem Lieblingsthema künstlerischen Schaffens wurde? Darstellungen von Clowns finden sich bereits im Ägypten des Jahres 2400 vor der christlichen Zeitrechnung. In der Rolle von Akrobaten und Unterhaltern erscheinen sie auf antiken Fresken und in Zusammenhang mit Ritualen, ähnlich der Rolle des Priesters oder des Zeremonienmeisters.

Tanzende und schaustellende Akrobatentruppen wurden in der Antike oft mit Begräbniszügen in Verbindung gebracht, wobei sie den Zyklus des Lebens versinnbildlichten. Die klassisch dargestellte Pose war die eines auf einem Bein stehenden Menschen – ein Sinnbild für den Balanceakt oder Tanz zwischen den Welten – Leben und Tod, Seriosität und Amüsement.

Im Mittelalter begegnet uns der Clown in der Rolle des Hofnarren. Stets in unmittelbarer Nähe zur höchsten Autorität, war er oft enger Vertrauter und Ratgeber des Herrschers und besetzte so die einflussreiche Rolle des Einflüsterers. Die dem Karneval nahestehende, italienbasierte commedia dell'arte des 16. Jahrhunderts, eine Vorform des populären Zirkus, verschaffte dem Clown in Form des pantomimen Weißclowns Pierrot und des bunten Kaspers Harlequin salonfähige Bekanntheit.
Der dritte populäre Clowntypus, der „Dumme August", trat erst später in Erscheinung. Seine Heimat fand dieser volksnahe Unterhalter in der Manege: Im fahrenden Spektakel, dem Zirkus, etablierte sich im 19. Jahrhundert die wichtigste Freizeitunterhaltung neben dem Theater. Der Clown reihte sich in die Gilde der Artisten ein. Im Gegensatz zum anspruchsvollen Intellekt des Theaters versammelten sich im Zirkus die Freaks und Außenseiter, um das gemeine Volk zu unterhalten. Das gesprochene Wort

[1] SIEHE AUCH SEITE 184FF.

war in der Manege unwichtig. Mimik, Gestik, Akrobatik und Klamauk reichten aus, um die Massen zu begeistern. Die Faszination machte hier das Andersartige aus – und zwar in mehreren Belangen: Man kam, um exotische Tiere und Menschen zu bestaunen. Umgeben vom Odeur des Elefanten- und Affenkotes, dem Duft von billigem Parfum und Zuckerwatte delektierte man sich – egal welcher sozialen Herkunft – an akrobatischen Einlagen, Schlangenmenschen, bärtigen Damen, Zwergen, Muskelprotzen oder den ulkigen, in bunte Kleider gehüllten Unterhaltern. Eine kindliche Parallelwelt, die nicht nur die Jüngsten zu faszinieren wusste. Eine Eintrittskarte ermöglichte, zu erleben, was man sonst nur aus Träumen oder Kinderbüchern kannte. Als wichtiger Bestandteil dieser fremden Realität durfte sich der Clown einiges herausnehmen. Er übertänzelte die Grenze zwischen Etikette und Fauxpas spielerisch und tat, als Narr mit aufgesetztem Lächeln, was manch anderem schwer zu Lasten gelegt worden wäre. Der Voyeurismus und die Lust, für eine kurze Weile dem Alltag zu entfliehen und Andersartiges zu erleben, entschuldigte jeglichen Regelverstoß mit beifälligem Gelächter. Der Clown, das ambivalente Wesen. Bunter Akrobat und Volksbelustiger, zwielichtiger Trickser. Nicht selten hat der Kasper etwas Diabolisches, als stünde er mit der dunkelsten Macht im Bunde und fungiere als deren Botschafter, indem er den Menschen durch Albernheiten den Kopf verdreht und sie zur Unvernunft herausfordert. Die Nähe zum Obskuren wurde dem Harlekin möglicherweise aus einer Angst, dem Unkontrollierten anheimzufallen, angedichtet.

Vielleicht rührt sie aber auch von seiner einstigen Rolle als Fährmann in die Unterwelt – etwa in der irischen Mythologie – oder als Begleiter von antiken Trauerzügen. In seiner Unbekümmertheit gelingt es ihm, sich zwischen den Welten aufzuhalten. Er scheint weder dem Guten noch Bösen, dem Diesseits noch dem Jenseits untergeordnet zu sein. Als Sinnbild für den gefallenen Menschen, der sich jeglicher Konventionen entledigen kann, zelebriert er in faszinierend unbekümmerter Weise als fantastischer Unterhalter seine Auftritte.

Es ist, wohl auch durch seine Wahlheimat Zirkus, etwas Animalisches, das dem Clown anhaftet. Ein Zerrbild des Menschen: Als Wesen zwischen Affe und Übermensch tritt er uns entgegen, voll des primitiven Charmes und doch mit heimtückisch hintergründigem Witz, den man in seiner Transzendenz und Ambivalenz nicht einzuschätzen weiß.

Der Clown ist ein Artist – ein Künstler. Die Identifikation mit der Figur des Clowns spielt für Künstler eine bedeutende Rolle.

Bis in die Moderne hinein war die Kunstgeschichte mit Auftraggebertum – also mit künstlerischer Unfreiheit – verbunden. Wer, wenn nicht der Artist Clown konnte sich dieser Beschränkung entbinden, tun und lassen, wonach ihm der Sinn stand? Die künstlerische Auseinandersetzung mit der Figur des Spaßmachers hat viel mit Befreiung zu tun. Tief im Herzen ist der Künstler ein Clown und umgekehrt. Ein Freigeist, der sich herausnimmt, anderen vorzusetzen, was er möchte – und, unter dem Deckmantel der Verkleidung,

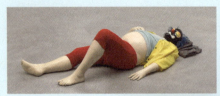

UGO RONDINONE:
„IF THERE WERE ANYWHERE
BUT DESERT", 2000.
FOTO: STEFAN ALTENBURGER
PHOTOGRAPHY, ZÜRICH

CLIFTON CHILDREE:
„CLOWN ALLEY", 2012
© THE ARTIST

CINDY SHERMAN: „UNTITLED", 2004
COURTESY OF THE ARTIST AND METRO PICTURES

Täuschung oder Veralberung – damit durchkommt. Weit vor dem Künstler hat sich der Clown eine Handlungsautonomie geschaffen.

Die Sehnsucht nach Freiheit, die Bewunderung der Unbekümmertheit und das gleichzeitige Thematisieren der Tragik der Außenseiterfigur des Clowns finden in der Kunstgeschichte zahlreiche Beispiele.

Picassos (Selbst-)Darstellungen des Clowns haftet immer eine melancholische Romantik an. Eine Affäre mit einer spanischen Zirkusartistin hatte seine Passion für den Zirkus entflammt. Ähnlich schwermütige und ironische Selbstdarstellungen findet man auch bei Francis Picabia, Marc Chagall oder Max Beckmann. Der Künstler in seiner Darstellung als Clown – diese Sicht war meist von Wehmut erfüllt.

Als die Bilder laufen lernten, manifestierte sich der Clown auch im Genre des Films, dessen Rezeption für die Inszenierungen sämtlicher H.A.P.P.Y-Stücke eine wichtige Rolle spielte. Ein populäres Beispiel für die Rolle des Spaßmachers ist Charlie Chaplin. Selbst als Diktator spielt er den unentwegten Clown. Federico Fellini verfiel dem wehmütigen Zauber der Artistenwelt. In „La Strada" 1954 brilliert Anthony Quinn als grobschlächtiger Zampano und Fellinis Ehefrau Giulietta Masina als Clownfrau Gelsomina. „Clowns" von 1971 erzählt von dem erloschenen Ruhm des Spaßmachermilieus, mündet aber in die Auferstehung eines Clowns bei seinem eigenen Begräbnis.

Je moderner die Darstellung des Clowns, desto drastischer wandelt sich sein Bild vom melancholisch-tragischen Sympathieträger zu einer anarchischen Figur des Verfalls und der Dekadenz – ist er ein Spiegelbild der Gesellschaft? Bruce Naumans Clowns sind brutal, obszön, hässlich und nerven. In schrillem Make-up und schäbiger Erscheinung sitzen sie auf der Toilette, erzählen penetrante Geschichten oder inszenieren sich in eindeutigen Posen. Paul McCarthy arbeitet in seinen Performances mit Karnevalsmasken und vergreift sich an Popeye oder Pinocchio als Helden von B-Horror-Movies. Sie sind grotesk und ordinär: Ein clownesker Maler bespritzt ein Bild mit einer Tube mit der Aufschrift „Shit". Der Clown wird zum Stilmittel, um sich als Künstler selbst über die Kunstwelt hinwegzusetzen.

Am Bild des Clowns von heute hat sich auch Cindy Sherman in einem 2003/2004 entstandenen Zyklus abgearbeitet. Sherman jongliert mit Identitäten, mit dem Davor, in dessen Dahinter sie selbst steckt. Ihre Spaßmacher sind fiese Gestalten. Aus ihnen spricht sowohl die primitive Obszönität wie auch die bedrückende Tristesse, die dem Clown unserer Zeit anhaftet. Besonders in Amerika wurde der Clown als unumgängliches Aushängeschild der Werbe- und Populärkultur missbraucht. Ein Kinderfänger, der die Jüngsten nicht mehr in Staunen und Faszination, sondern in Konsumrausch versetzen soll: Die Werbefigur Ronald McDonald verführt zum Burger- und Frittenverzehr und ist Metapher für eine naive, heile Welt, wie sie die Öffentlichkeit gerne sehen möchte.

Cindy Sherman arbeitet heraus, was diesen tristen Schaustellern wirklich anhaftet: Stumpfsinn, Langeweile, Obszönität, Einfalt. Auf der Maske sitzt das makellose Lächeln, doch der Gesichtsausdruck und der Blick sprechen eine ganz andere, mitunter gefährliche Sprache. Das Metier der Schausteller und Praterbudenbesitzer ist schäbig geworden. Natürlich war es schon immer das Revier der Randfiguren, der Zuhälter, Prostituierten und Freaks – doch die Faszination, für einen kurzen Moment in diese unbekannte Welt abseits der gesellschaftlichen Normen einzutauchen, kann man heutzutage im Fernsehen oder Kino erleben, ohne sich dabei die Füße im Elefantendreck schmutzig machen zu müssen. Der ehemalige Konventionsbrecher ist einmal mehr zu einem gesellschaftlichen Outsider geworden, zum Säufertyp, verlottert, schäbig – ein Sinnbild für die Tragik des Lebens.

Unter anderem die schrägen Charaktere aus Cindy Shermans Clown-Serie haben das Kollektiv H.A.P.P.Y und den Künstler Herr Tomtschek bei „H.O.R.R.O.R." zu ihren Angst und Schrecken verbreitenden Clowntypen inspiriert. Beim Versuch, der Natur der Angst auf den Grund zu gehen, könnte Tomtschek sich gefragt haben: Was verbreitet mehr Furcht als ein nackter Clown?

Bereits das Wort „Clown" in Verbindung mit dem Horror-Genre evoziert die Erwartungshaltung des blanken Entsetzens. Kindliche Urängste sammeln sich in jener maskierten Gestalt, die uns mit der fröhlichen Grimasse begegnet. Die gesamte Kulturgeschichte des Spaßmachers, sein Werdegang vom unterhaltsamen Zirkusartisten zur Galionsfigur der Kunst, des Konsums und der Kinderfängerei, bis hin zu einer Horrorfigur, die uns als Stephen Kings „Es" in bösen Träumen verfolgt, gipfelt in einem unangenehmen Gesamteindruck.

Auch Nacktheit verbreitet Angst – in Form von Unsicherheit, sowohl für den betreffenden Unbekleideten als auch für das Gegenüber. In Verbindung mit der Clownsfratze steht der bloße Körper kindlicher Unschuld gegenüber. Freundliche Mimik bricht sich an exponierten Geschlechtszeilen.

Die lokale Tradition des Wiener Aktionismus,

OPENER „H.O.R.R.O.R.", WIEN 2010. ©H.A.P.P.Y, FOTO: M. LANGER

23

der vor allem mit Körperlichkeit als Indikator für Konventionsbruch, Verstoß und Auflehnung arbeitet, spielte für Tomtschek bei der Inszenierung – wie auch bei den meisten Happynings – eine wichtige Rolle. Der Regisseur zeigt die brachialste Form des Clowns, das pure Selbst, frei von allen auferlegten Zwängen. Sind diese modernen Clowns jeglichen Zaubers beraubt? Ist dies die ultimative Befreiung jeglicher Auflagen?

Clowns dienen Tomtschek bei dieser Inszenierung vor allem als effektvoller Teaser. Tatsächlich kommen die finster-fidelen Gestalten nur in der Opener-Szene und am Ende des Stücks zum Vorschein; bereits nach wenigen Minuten schminken die acht Performer die kunstvoll aufgetragene Clownschminke wieder ab (die Abschminktücher werden, der Ikonografie des Turiner Grabtuches gleich, auf Wäscheleinen gehängt). Am Ende des Stückes erscheint ein – eingeweihter – Zuschauer, der zuvor von den Akteuren aus dem Publikum geholt und in ein Zelt auf der Bühne verfrachtet wurde, als Zombie-Clown.

Die ursprüngliche Tradition des Clown-Seins, des Unfug-Betreibens jenseits jeglicher Konvention oder Weltenordnung, zieht sich auch ohne geschminkte Clowns durch das Stück wie ein roter Faden. Geschlechterrollen und gesellschaftliche Zwänge werden aufgehoben und aufgerollt, peinliche Situationen lustvoll breitgetreten, mögliche und unmögliche Ängste exponiert und durch ihre Zurschaustellung zunichtegemacht. Denn letztendlich liegt in der Kraft des Lachens die Überwindung der Angst.

Margit Emesz ist Kunsthistorikerin und freiberufliche Autorin.

DER RAUM VOM RAUM ENTKOPPELT
DER UMGANG MIT RAUMSTRUKTUREN BEI H.A.P.P.Y AM BEISPIEL EINES HAPPYNINGS
MARTINA FRÜHWIRTH

Der Alien-Psychotest „Mann oder Maus?" irgendwann um das Jahr 2000 als Happyning im Rahmen von H.A.P.P.Y war ursprünglich wohl als Selbsterfahrung konzipiert. Tatsächlich erfüllt die Installation weit mehr als bloß den Weg zu einem selbst. Denn wer als Gast um Mitternacht im großen Saal des Wiener Wuk die tanzende Menge hinter sich lässt und die Treppe hinauf steigt, erlebt eine Raum-im-Raum-Erfahrung, die sowohl zeitlich wie auch räumlich von ihrer Umwelt entkoppelt ist.

Das Konzept ist bestechend einfach, und es verwundert, dass die Umsetzung nicht längst Schule gemacht hat: Man nehme einen Psychotest, auf dessen Fragen es stets mehrere mögliche Antworten gibt. Daraus resultiert ein Pfad, der schließlich zum Endergebnis führt – der Analyse. Ebendas wurde bei H.A.P.P.Y realisiert: Die Installation ist ein Pfad entlang von Entscheidungsfragen, und abhängig von der jeweiligen Antwort führt der Weg nach links, rechts, geradeaus oder auch zurück.

Auf dem Weg durch das Labyrinth erhält der Testkandidat zu keinem Zeitpunkt einen Überblick über das Geschehen, sondern

erhält nur Einblick in die jeweilige Frage-
stellung. Ein Gerüst, das mit Tüchern be-
hängt ist, bildet die überkopfhohen „Wände".
Begleitet werden die Besucherinnen und
Besucher von stummen „Alien-Hostessen",
die an neuralgischen Kreuzungspunkten
den Weg weisen.

Hier findet sich auch der einzige Schwach-
punkt der Installation: Für die Kandidaten
ist nicht nachvollziehbar, warum Aliens, der
menschlichen Sprache nicht mächtig, für
dieses Happyning gecastet wurden. Mit ihren
giftgrünen Riesenschädeln scheinen sie zwar
allesamt sehr hilfsbereit und willens, letztlich
jedoch unfähig, mit den Kandidaten zu
kommunizieren.

Der Gang durch das Labyrinth der eigenen
Psyche hätte Gefahr laufen können, nicht viel mehr als die banale
Projektion eines Psychotests aus
einer Zeitschrift auf eine Fläche
von 12 mal 8 Metern zu sein.
Genau hier kommt die Essenz der
H.A.P.P.Y-Aktionen zum Zug,
indem der Raum vom Raum entkoppelt wird. Kurze Zeit verlässt
man den Raum, befindet sich an
einem anderen Ort, obwohl das logisch in
keiner Weise haltbar oder argumentierbar ist.
Diese sonderbare Entkoppelung, die man
beim Durchschreiten des Testgeländes erlebt, wirkt auf mehreren Ebenen.

Räumliche Entgrenzung: Wider besseres
Wissen – es ist klar, dass man sich im Wuk
befindet, einer ehemaligen Eisenbahnfabrik –
vermeint man sich in einem Raum, der in
seiner Ausdehnung weit über die Abmessun-
gen des großen Saals hinaus reichen
müsste.

Akustische Entkoppelung: Für die gesamte
Dauer des Durchschreitens des Psychotests
befindet man sich im selben Saal, in dem

gerade eine House-Party mit beachtlichem
Schalldruck stattfindet. Die Installation ist
mit keinem nennenswerten effektiven Schall-
schutz ausgestattet. Objektiv betrachtet sind
die Testpersonen demselben Schalldruck
ausgesetzt wie die Tänzer auf dem Dance-
floor. Tatsächlich verschwindet die Musik
im Wahrnehmungshorizont für die Dauer
des Aufenthalts im Labyrinth.

Ausgelöst durch die räumliche Entgrenzung, erfolgt für eine Dauer von maximal
15 Minuten eine subjektiv erlebte Ab-
koppelung von alldem, was zeitgleich um
einen herum geschieht. Die genial simple
Idee ist bis zuletzt konsequent umgesetzt:
Am Ende verlässt man das Labyrinth als
Antwort durch den entsprechenden
Ausgang A, B, C oder D.
Und eben hier erfährt der
Besucher etwas, das als
Unmöglichkeit der gleich-
zeitigen Verschränkung der
benachbarten Räume
(Installation und Club-Tanz-
fläche) bezeichnet werden
kann. Es ist der Moment,
wenn man aus der Installation
hinaustritt und für einige Augenblicke als
„Psychotestergebnis" im jeweiligen Ausgang
stehend angeleuchtet wird; zu Füßen das
tanzende Partypublikum.

Dieser Moment ist die Essenz des Happynings. Man ist weder Teil des einen noch
des anderen, und ohne sich dessen gewahr
zu sein, ist man völlig absichtslos für diesen
Moment bei sich selbst angekommen.
Spätestens hier wird bewusst, dass die
Installation stets mehr ist als nur eine
geschickte Montage von Gerüstteilen,
Tüchern und Klebeband.

Martina Frühwirth ist Journalistin
(u. a. für Ö1/Diagonal und www.nextroom.at).

DIE AVANTGARDE SPRIESST AUS MONA LISAS BART – ODER: BEIM POPO-BART DER MONA LISA

ORLANDO PESCATORE (Heiligenstadt 2006)

„JETZT SCHÜTTELN SIE DEN KOPF, WENN DAS ZEUG DANN IM GUGGENHEIM-MUSEUM HÄNGT, BEISSEN SIE SICH SONSTWOHIN"
(Der Standard)

Als Leonardo da Vinci *(1452–1519)* im Jahre 1506 am Florentinischen Hof das (Selbst-?)Porträt von La Gioconda, besser bekannt unter dem Namen Mona Lisa, vollendete, konnte er nicht ahnen, dass sich in diesem Gemälde ein Eigenleben entwickeln würde. Immerhin brauchte es über 400 Jahre, bis der sehr, sehr langsam wachsende Damenbart zu Beginn des 20. Jahrhunderts von Marcel Duchamp *(1887–1968)* entdeckt werden konnte. Vielleicht lag es auch daran, dass ihr der Anblick des nackten Napoleon Bonaparte *(1769–1821)*, dessen Badezimmer sie tatsächlich zierte, nicht wirklich behagte.

Wie auch immer. Entscheidend ist, dass Duchamps Arbeit unter dem Titel „L.H.O.O.Q." (lies: „Elle a chaud au cul") in die Annalen der Kunstgeschichte einging. Frei übersetzt aus dem Französischen bedeutet dies: „Sie hat einen heißen Arsch". Nach dieser überraschenden Erkenntnis veranlasste der wundersame Bart fortan unzählige KulturwissenschaftlerInnen und KunsthistorikerInnen sowie SoziologInnen und DermatologInnen zu einem Wettlauf der Forschung und wurde daher zu dem wegweisenden Untersuchungsgegenstand.

Aufgrund intensiver, eingehender Analysen gelang es schließlich Herrn Tomtschek noch im selben Jahrhundert, das Enigma von Mona Lisas Lächeln zu dechiffrieren: ML hat auch einen Bart am Popo. „Haare am Po Po, Yeah!" lautete sein emphatischer Ausruf. H.A.P.P.Y war geboren. Mehr als nur eine weitere Kunstrichtung. Ein wunderbares Lebensgefühl, das sich bald nicht nur im angelsächsischen Sprachgebrauch, sondern auch international – ja weltweit – durchsetzen sollte.

Es ist evident, dass Teilergebnisse dieser langwierigen Studien schon vorab nach Außen drängten. Kurzum, die geschlossene Avantgarde des 20. Jahrhunderts ließ sich davon befruchten. Noch in direkter Fortsetzung an Duchamp kam zunächst Dada auf *(Picabia, Ray, Ernst, Richter)*, um bekannterweise in André Bretons Umkreis der Surrealisten *(Dalí, Buñuel, Magritte)* zu münden, von dem es wiederum Becketts und Ionescos Theater des Absurden nicht weit hatte.

Auch die Kunstform des Films stand schon sehr bald mit Karl Valentin und Buster Keaton in einer unleugbaren Wahlverwandtschaft zur H.A.P.P.Y-Forschung. In den späten 1950er-Jahren setzte die Fluxusbewegung zum Beispiel mit Piero Manzonis „Merda d'artista", die er zum tagesaktuellen Goldpreis verschleuderte, und die Situationistische Internationale mit

MINDMAP: „THE LOCAL GROUP", ORLANDO PESCATORE, 2006 > >

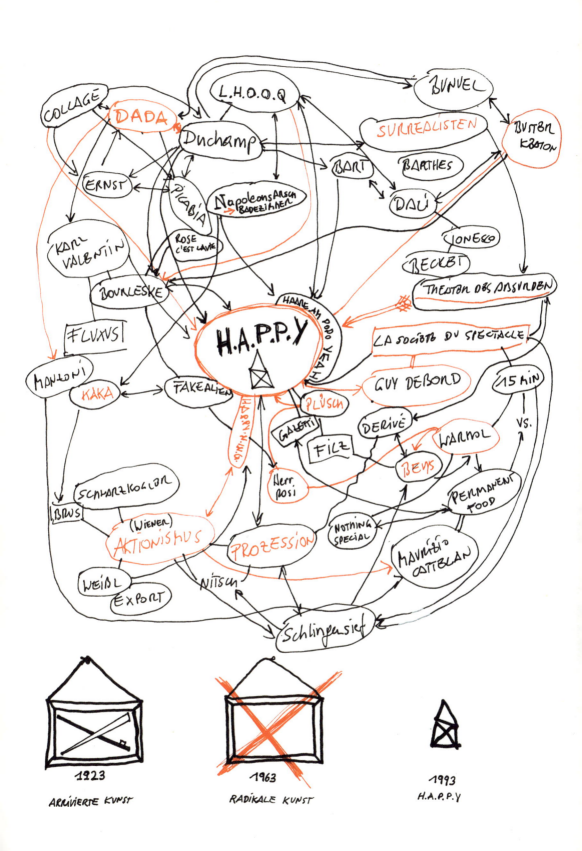

1923
ARRIVIERTE KUNST

1963
RADIKALE KUNST

1993
H.A.P.P.Y

Jean Jacques Lebel und Guy Debord diese Tradition fort. Letzterer verfasste mit „La société du spectacle" *(Die Gesellschaft des Spektakels, Gallimard 1973)* den Grundstein für eine differenzierte Auseinandersetzung der scheinbaren Spaßgesellschaft, die auch als Grundlage der gesellschaftlichen Analyse jedes sogenannten Happynings gelesen werden kann.

Joseph Beuys verwendete Filz statt Plüsch. Das macht nichts, denn seine Dialektik des persönlichen Individuationsprozesses sollte man gleicherweise unter der H.A.P.P.Y-Perspektive neu bewerten wie Warhols Demokratieverständnis, in dem jeder Anspruch auf seine 15 Minuten Ruhm hat. Doch wer stoppt da schon mit?

Auch in unseren Breiten ist eine direkte Bezugnahme offensichtlich. Reizwort: Wiener Aktionismus. Schwarzkogler, Brus und Nitsch stehen unbestritten in dieser Tradition, egal ob bei Fäkal-Demonstrationen (wer von uns kann schon auf Kommando kacken?) anlässlich der Aktion „Kunst und Revolution" im Universitätshörsaal des Kunstgeschichte-Instituts in Wien oder bei einem einsamen, fast unter Ausschluss der Öffentlichkeit stattfindenden Spaziergang durch die Innere Stadt *(Brus)*.

Für H.A.P.P.Y hingegen wird jährlich der viel repräsentativere Ring frei gemacht, um gemeinsam an 100.000en Gästen in einer wechselnden Prozession vorbeizudefilieren, die nicht selten am Heldenplatz (na, wer sagt's denn!) kulminiert. Im Gegensatz zu Hermann Nitsch, der erst das reife Alter von 68 Jahren erlangen musste, um für nur einen Tag das Burgtheater mit seinen Burgsauspielen in eine Blutorgel verwandeln zu dürfen, hat es H.A.P.P.Y schon mit präpubertären 13 Jahren geschafft, ein monatliches (!) Abonnement im viel publikumsnäheren Volkstheater zu bekommen.

Doch auch angesagte zeitgenössische Künstler können sich der H.A.P.P.Y-Faszination nur schwer entziehen: Maurizio Cattelan, dessen Zeitschrift Permanent Food (13 Ausgaben) nur ein wortloser Abklatsch der H.A.P.P.Y-Gazetti (über 150 Ausgaben) ist, Christoph Schlingensiefs performative Interventionen, oder auch die lokale Gruppe Gelatin, die sich ihres H.A.P.P.Y-Klon-Plagiats *(Tomtschek: 1995 vs. Gelatin: Operation Lila, 1997)* wohlweislich bewusst ist und nun durch eine plumpe Umbenennung auf Gelitin verzweifelt versucht, dem rechtlichen Nachspiel zu entgehen. Doch die Angst ist unbegründet: H.A.P.P.Y ist für alle da und lässt sich alleine schon daher nicht kunstmarkttechnisch privatisieren.

Auch das 13. wundersame Ding *(der Autor spricht hier die Installation „Bär Benedikt mit Hummel im Arsch" von 2006 an, Anm.)* aus dem H.A.P.P.Y-Universum[1] führt es uns vor Augen. Diese „Sphinx" fürs 21. Jahrhundert ist kein geschlechtsloser, toter und faul herumlungernder Hase, für den wahrscheinlich unser verehrter lieber Herr Rosi Pate stand. Nein, dieser Bär hat Rückgrat und sitzt, fast sechs Meter in den Himmel ragend, aus 15 Tonnen plüschigem Stroh, erhaben in der Landschaft und lässt alle Eingeweihten in seine Eingeweide. Mit freudig wachsamem Auge blickt er hinaus auf unsere Welt: das H.A.P.P.Y-Universum.

Orlando Pescatore ist Künstler.

[1] SIEHE AUCH SEITE 291FF.

BOÎTE EN VALISE, 2006, ORLANDO PESCATORE

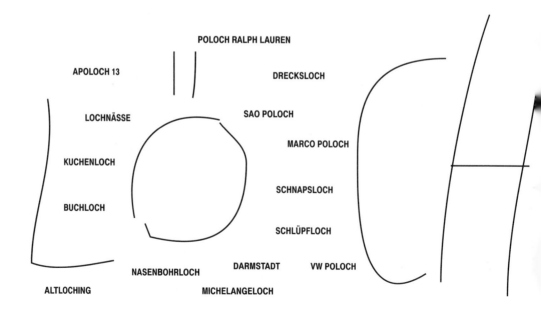

02

POLOCH RALPH LAUREN

APOLOCH 13

DRECKSLOCH

LOCHNÄSSE

SAO POLOCH

MARCO POLOCH

KUCHENLOCH

SCHNAPSLOCH

BUCHLOCH

SCHLÜPFLOCH

NASENBOHRLOCH   DARMSTADT   VW POLOCH

ALTLOCHING

MICHELANGELOCH

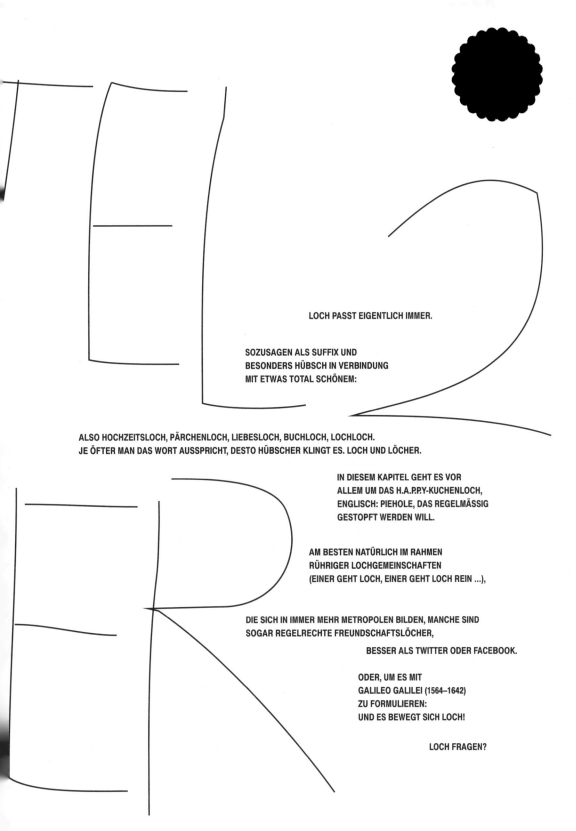

LOCH PASST EIGENTLICH IMMER.

SOZUSAGEN ALS SUFFIX UND
BESONDERS HÜBSCH IN VERBINDUNG
MIT ETWAS TOTAL SCHÖNEM:

ALSO HOCHZEITSLOCH, PÄRCHENLOCH, LIEBESLOCH, BUCHLOCH, LOCHLOCH.
JE ÖFTER MAN DAS WORT AUSSPRICHT, DESTO HÜBSCHER KLINGT ES. LOCH UND LÖCHER.

IN DIESEM KAPITEL GEHT ES VOR
ALLEM UM DAS H.A.P.P.Y-KUCHENLOCH,
ENGLISCH: PIEHOLE, DAS REGELMÄSSIG
GESTOPFT WERDEN WILL.

AM BESTEN NATÜRLICH IM RAHMEN
RÜHRIGER LOCHGEMEINSCHAFTEN
(EINER GEHT LOCH, EINER GEHT LOCH REIN ...),

DIE SICH IN IMMER MEHR METROPOLEN BILDEN, MANCHE SIND
SOGAR REGELRECHTE FREUNDSCHAFTSLÖCHER,

BESSER ALS TWITTER ODER FACEBOOK.

ODER, UM ES MIT
GALILEO GALILEI (1564–1642)
ZU FORMULIEREN:
UND ES BEWEGT SICH LOCH!

LOCH FRAGEN?

EINS MUSS MAL GESAGT WERDEN:
WIR SIND KEINE BÄCKEREI,
KEINE KONDITOREI.
WIR SIND EIN LOCH!

„UNSER ANLIEGEN WAR ES, EIN PARALLEL-
UNIVERSUM IN FORM EINER KONDITOREI
ZU GESTALTEN, EINE SOZIALE SKULPTUR.
DINGE ZU FÄLSCHEN ODER KÜNSTLICH ZU
REKONSTRUIEREN, DAS IST SO EINE
GRUNDIDEE VON MIR."
(Tomtschek in der Presse)

**KEINE BITTE
KEIN DANKE
= KEIN KUCHEN!**

CAKE THAT!

KUCHENLOCH-KUCHEN

CHOCOLATE BUTTCRACK
HIMBEER-BLONDINE
REHPIESL-MOHNI-FLECK
CREAM CHEESE BRAUNIES
ZERQUETSCHTER HEIDELBÄR
BEIDLBÄR CHEESECAKE
MARILLENFLECK
MARIANDL-TART
APFELSTREUSEL-ROADKILL
HEIDEL-DINKEL-PINKEL
PARISIA STEWARDS BU-CAKE
DICKE BÄRENMUFFINS
ORAL PLÖSCHER
HALBE SCHWIEGERMUTTER
APFEL-SQUIRT-CRUMBLE
APFEL TARTARE
RILLEN-TARTE
SCHWUCHTELBUCHTELN
WEICHSEL-MOHNRAKER
BUTCH-KREM-TORTE
HOMOHOCHZEITSKUCHEN
ZERZWETSCHKTER MANDELKUCHEN
SCHMECKT IRGENDWIE NUSSIG
SCHWEIZER APFELWEHE
ZITZENTARTE
HERNALS CHEESECAKE
BIRNE HELENE BUTCH
MONIS ZWETSCHKENDINGS
ZWETSCHKE HEDI BÄR
MANDELHONIG-PINKEL-ZWETSCHKEN-KUCHEN
PEE CUNT PIE
PFIRSICH TARTE (VAGEN)
PREISELBÄRAPFELTARTE
REEBEESLSCHWARTE
ZWETSCHKENTARTE
BESOFFENE SCHNECKEN
ZWETSCHKEN WAHLNUSS FLECK
EIERLICKER MANDEL MARILLEN FLECK
PERVERSE PUNSCHKRAPFEN
TUSSKUCHEN
TUCKIGE TRAUBEN TARTE
QUEEN PIE
MOHN-ZWETSCHKEN-SPORTFLECK
SCHOKOSCHOCKER MIT KALTEM BAUER
FLECK MIT ORANGENHAUT
GEDECKTE ZWETSCHKEN
WEIHNACHTEN SCHON JETZT
GRAUSBIRNENKUCHEN
HALBE SCHWIEGERMUTTI
JAMIEESKER NUSSKUCHEN
MARILLENSCHANDFLECKE
KIRSCHENMOHNQUATSCH
VEGANE GERMNUSSSCHNECKEN
BIRNENMARZIPANKNUTSCHFLECK
ZWETSCHKENGEDATSCHE
HEIDELBEERROLLADEN
DIRNDLKUCHEN
LOCH-CHEESE-BUCAKE
MUTTERS BOOBOOBIOOBSTKUCHEN
MUFFIN-TITTCHEN
SCHWUCHTELHUPF
SCHWANZWEDLER WINTERKIRSCH DORTE
BUKAKE MUFFINS

FLECK MIT ORANGENHAUT
Der Clou: Die „Orangen" sind eigentlich Marillen.

Rührst du **250 GRAMM BUTTER, 150 GRAMM ZUCKER, ABGERIEBENE SCHALE VON EINER ZITRONE** und **EIN PAKET VANILLEZUCKER** richtig toll schaumig. Gibst du dann nach und nach **5 EIDOTTER** dazu. Schlägst du **5 EIWEISS** mit **100 GRAMM ZUCKER** steif und rührst du das vorsichtig zur Eimasse. Siebst du **250 GRAMM MEHL** drüber und hebst du es schnell unter. Gibst du den Teig in eine gebutterte und bemehlte Form. Legst du **ENTKERNTE HALBIERTE MARILLEN** (Aprikosen) mit der Haut nach oben drauf. Bäckst du den Fleck bei **180 GRAD 40 MINUTEN** in der Mitte. **BEBSI.**

SCHWUCHTELBUCHTELN

Diese Mehlspeise kommt nicht nur bei Schwulenmuttis gut an!

Machst du **190 MILLILITER MILCH** lauwarm. Gibst du **HALBES KILO MEHL** in große Schüssel und machst eine Kuhle rein. Bröselst du einen **HALBEN WÜRFEL GERM** (Hefe) hinein, machst **ETWAS ZUCKER** und 1/3 der Milch dazu und verrührst das mit ein bissi von dem Mehl. Deckst du den „Vorteig" mit einem sauberen Badehandtuch zu und lässt ihn 1/4 Stunde gehen. Gibst du zur restlichen Milch **80 GRAMM BUTTER**, damit die weich wird.
Gibst du zum „Vorteig" in der Schüssel noch **80 GRAMM ZUCKER, 2 BIS 4 EIDOTTER, EINE PRISE SALZ, ABGERIEBENE SCHALE EINER ZITRONE, EINEN BEUTEL VANILLEZUCKER** und die Milch mit der Butter und rührst du das dann mit dem Knethaken kräftig.
Deckst du den Teig zu, lässt du ihn an einem warmen Ort (Gay-Disco, Darkroom, Schwulen-klo ...) eine halbe Stunde gehen. Knetest du ihn dann. Lässt du ihn wieder gehen. Knetest du ihn noch mal. Lässt du ihn noch mal gehen. Rollst du den Teig 30 mal 30 Zentimeter aus, schneidest du ihn in fünf mal fünf Quadrate. Gibst du in die Mitte von jedem Quadrat **LECKER MARMELADE** rein, schlägst du die vier Ecken übereinander und drückst du gut zusammen.
Bestreichst du jede Schwuchtelbuchtel mit **ZERLASSENER BUTTER** und legst du sie mit der „Naht" nach unten dicht an dicht in ein Reindl (hohe Backform). Lässt du alle Schwuchtel-buchteln noch mal gut aufgehen, bäckst du sie im Rohr bei **180 GRAD** und bestreichst du sie ab und zu mit Zerlassbutter. Lässt du die Schwuchtelbuchteln etwas abkühlen, stürzt du sie aus dem Reindl und bestreust du sie mit **STAUBZUCKER** (Puderzucker). **KREISCH!**

FUCK CUPCAKES

HEUTE IM KUCHENLOCH
HERNALSCHEESEKACKE
PO-LENTA-APFEL-KUCHEN
BIRNE-HELENE-BUTCH
ZWETSCHKEN-BLAUBEER-STREUSEL
MARILLE-ORANGE-RULLARDE
KAROTTENTOTTENTORTE
CHANEL CHOCLITS
SEIDLBAR-CREME-CHEESE-TORT
ZWETSCHKENMANDEL-KUCHEN
BROMBÄR-NEKTAR
SCHOKOPFIRSICH-FART
HOCHZEITSKUCHEN

BUTCHKREMTORTE

Schmeckt nicht nur dem kessen Vater.

Drehst du **HEIZUNG** auf. Kaufst du
FERTIG-TORTENBODEN. Kochst du
VANILLEPUDDING wie auf dem Packerl steht.
Lässt du ihn abkühlen. Schlägst du einen
Ziegel **ZIMMERWARME BUTTER** schaumig.
Rührst du die Butter nach und nach in den
zimmerwarmen Pudding. Gibst du die
Butchkrem auf den Tortenboden.
Lässt du alles im **KÜHLSCHRANK** fest werden.
HAMMERHART.

DIE ENTNAHME VON BACKWAREN ZIEHT EINE SOFORTIGE ENTLASSUNG MIT SICH!

ALLES
1 EURO
KEINE LATTE!
KEINE TABS!
KEIN SCHEISS!

„DAS, WAS FRÜHER HOBBY WAR, IST JETZT GUERILLA. OB MAN JETZT KUCHEN BACKT ODER
SEINE SESSEL AUF DIE STRASSE STELLT, WIE DIE GEHSTEIG-GUERILLA, UND
DEN ORT VEREINNAHMT – ES IST WICHTIG, DASS MAN SICH DIE STADT ZU EIGEN MACHT."
Tomtschek in der 3sat-Kulturzeit

SCHWANZWEDLER WINTERKIRSCHTORTE

Die richtige Torte für fast jeden Anlass (außer Sommerfest).

Schlägst du **6 EIWEISS** richtig steif. Verrührst du **6 EIGELB** mit **6 EL WARMEM WASSER** und **250 GRAMM ZUCKER**, bis es geil cremig ausschaut. Siebst du **200 GRAMM MEHL, 75 GRAMM SPEISESTÄRKE, 50 GRAMM KAKAO** und **2 TL BACKPULVER** drüber, gibst du das steife Eiweiß dazu und hebst alles schnell unter. Gibst du den Teig in eine gebutterte und bemehlte Springform. Backst du das im Rohr bei anfangs 200 Grad eine halbe Stunde. Reduzierst du die Temperatur während der halben Stunde immer ein bisschen, bis es 150 Grad anzeigt. Nimmst du den Kuchen raus und lässt du ihn abkühlen. Nimmst du ein **GLAS WINTER-KIRSCHEN** (Sauerkirschen sind auch okay) und gibst alles in ein Sieb, damit der Saft weggeht. Kochst du mit dem **SAFT** und **25 GRAMM SPEISESTÄRKE** lecker Pudding. Hebst du **16 SCHÖNSTE WINTERKIRSCHEN** auf für die Deko und gibst du den Rest zum Pudding. Schneidest du den Tortenboden zweimal durch. Bist du blöd, wenn du das nicht horizontal gemacht hast. Gibst du auf den untersten Boden **WINTERKIRSCHSCHNAPS** und den Winter-kirschpudding. Schlägst du **800 GRAMM OBERS** (Sahne) mit einem **PAKET SAHNESTEIF** steif. Gibst du etwas von der steifen Sahne auf den Kirschpudding. Gibst du dann nächsten Tortenboden drauf. Tropfst du wieder Schnaps drauf, dann die Hälfte vom Obers. Gibst du dann den letzten Tortenboden drauf. Haust du den restlichen Obers rundherum auf die Torte. Verzierst du mit deinen Lieblings-Winterkirschen. Versuchst du noch, **SCHOKOSTREUSEL** auf die Torte zu machen. **PROST.**

DU BIST, was du nic h t i s s t :

Die Reste auf deinem Kuchenteller – oder dem von Tante Hilde und Opa Kevin – verraten mehr, als du denkst. Tatsächlich hat jetzt *Dr. Heike Scheinpflug-Käsemann* von der Vivienne-Westwood-Universität Happyhausen („Psycholoch") herausgefunden, wie sich anhand der Krümel auf dem guten Sonntagsgeschirr ein regelrechtes Persönlichkeitsprofil des jeweiligen Kuchenessers erstellen lässt. Kuchenreste kann man wie Kaffeesatz lesen; bloß mit knallharter Fach-Psychologie statt esoterischem Hokuspokus. Interessant ist es auch, die Reste seines Vis-à-vis zu deuten, empfiehlt Scheinpflug-Käsemann: „Da weiß man gleich, ob aus dem ersten Date mehr werden könnte. Oder ob Onkel Uschi reif für die Klapse ist." Hier die acht Grund-Typen der Kuchentellerpsychologie.

Welcher KUCHENTYP bist du?

A B C D E F G H

A) Der mit dem ORDNUNGSWAHN

Wer seinen Kuchenteller so hinterlässt,
für den hat die echte Arbeit erst nach
dem Genuss begonnen: Krümel sortieren.
Natürlich könnte man auch einfach alles
aufessen. Aber das Sortieren ist für solche
Kuchentypen Lebenselixier. Wenn es keine
Krümel zu sortieren gibt, muss das Altpapier
dran glauben. Oder es werden Pickel
ausgedrückt. Beim Partner.

B) DIE Fäkalistin

Sieht ein Kuchenteller aus, als hätte
Hermann Nitsch eine Sachertortenguss-
Schüttaktion veranstaltet, haben wir es
ziemlich sicher mit der Fäkalistin zu tun.
Oder dem Fäkalisten. Diesem Kuchentyp
geht es hauptsächlich ums Braune.
Genießen ist zweitrangig, wichtiger ist es,
mit der Schokolade möglichst viel Sauerei
zu veranstalten. Wofür Schokolade steht,
sollte ja klar sein. Wer Fäkalisten eine
Freude machen will, serviert Mousse au
chocolat in einer fabrikneuen Kloschüssel.
Tipp: Unbedingt die Wände mit Plastikfolie
auskleiden wie damals bei Dexter.

C) Das LUXUS-G i r l

Na? Waren die Augen mal wieder größer als der Mund? In Zeiten von Allergien und Nahrungsmittelunverträglichen muss man aufpassen, was man sich reinstopft. Und die Veganischen wollen auch hofiert werden. Da scheint es reiner Luxus, wenn eine mal keine Rosinen isst. Wer – extra! – Käsekuchen mit Rosinen bestellt, nur um dann die Rosinen übrig zu lassen, signalisiert: Ich kann's mir leisten. Ganz ausgeprägt zeigt sich dieser Typ, wenn er oder sie die Reste in die Louis-Vuitton-Handtasche packt.

D) DIE AGGRESSIVE

Hoppla, was ist hier passiert? Wenn das gute Sonntagsgeschirr zu Bruch geht, muss nicht immer dicke Luft sein. In manchen Gegenden gehört das Zerdeppern der Teller nach dem Kuchengenuss zum guten Ton. Lebst du aber nicht in so einer Gegend, dann bist du vielleicht einfach nur der aggressive Typ. Kuchen schmeckt nicht. Kaffee hat nicht George Clooney serviert, und im Fernsehen kommt auch nichts? Hau einfach den Teller drauf. Auch eine Lösung. Aber halt kein Partner fürs Leben.

E) Der Penible

Wenn das Muffinpapierchen so fein säuberlich gefaltet auf dem Teller liegt, haben wir es mit einem Kuchenfreak mit ausgeprägtem Reinlichkeitsfimmel zu tun. Allein die Kuchen-Wahl – Cupcake! – zeigt: Hier will jemand mit den Fingern essen, ohne sich mit irgendwelchen Frostings oder Toppings anzukleckern. Wer Papierchen so onduliert faltet, der bügelt auch Jeans und Unterhosen. Und riecht an seinen Socken vor dem Schlafengehen. Vorsicht ist geboten.

F) Der Anale

Nicht nur sauber, sondern rein! „Oh, da hat es aber jemandem geschmeckt", meinte damals die Oma, wenn du als Kind deinen Teller sauber geschleckt hast. Wer das mit 26 Jahren immer noch tut, ist leider kein Hipster, sondern einfach nur sehr anal veranlagt. Der Anale hat keine Angst, sich nach der Seife zu bücken. Doch er hält Schmutz nur sehr schwer aus. Und die Grenze von Omas leckerem Erdbeer-Fertigtortenboden-Kuchen zu Schmutz ist fließend. Tatsächlich ist dieser Typ ganz praktisch, wenn die Wohnung mal wieder aufgeräumt werden muss. Oder der Geschirrspüler gerade defekt ist.

G) DIE ICH-AG

Für manche ist der Kuchenrand nur eine Randerscheinung. Solchen Typen kommt es angeblich stets auf die „inneren Werte" an, sie lassen bei der Pizza auch den Rand übrig. Bei Süßgebäck halten sie's genauso. Im Idealfall ordert die Ich-AG gleich einen ganzen Kuchen und keiner bekommt ein Stück ab. Teilen? Fehlanzeige. Stattdessen wird nur das Innere gefuttert. Ausgesprochene Egoisten, Finger weg!

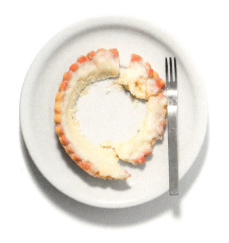

H) Der Diät-Typ

Kaffeeklatsch im Lehrerzimmer, aber einer rührt immer das Kuchenstück nicht an, das vor ihm steht, du kennst das. Kuchenverweigerung kann unterschiedliche Gründe haben: Ekel vor Gebäck unbekannter Herkunft. Man ist noch voll vom Pausenbrot. Oder aber der Betreffende macht grade die Steinzeit-Diät und darf keine Kohlenhydrate zu sich nehmen. Die Lösung: Kuchen aus Hackepeter. Aber den Knochen dran lassen!

OPEN YOUR PIEHOLE

FÜR HUNGRIGE MÄULER

„Immer in die Fresse rein!" oder „Erst mal alle ausziehen!": Mit zackigen Kommandos wie diesen mag unsere liebe Tante Birne ihren FKK-Campingplatz beherrschen. Birnes Nichte Maggie hingegen stimmt im von ihr gemanagten Kuchenloch ganz andere Töne an. Feinere Töne. Zuckersüße Rosatöne. Mit Punkten. Denn Nichte Maggies Stammgäste öffnen im Kuchenloch ganz freiwillig ihr *piehole:* Streuselkuchen, Bienenstich oder lecker Butchkremtorte, so heiß kann das Zeug gar nicht aus dem Ofen kommen, dass es nicht auch schon wieder in die hungrigen Mäuler gestopft wird. „Was interessiert mich das Gebäck von gestern?" findet Maggie. Und recht hat sie.

EIN SÜSSES GEHEIMIS

Was allerdings niemand ahnte: Kuchenloch-Top-Fachkraft Maggie kann überhaupt nicht so toll backen, wie immer alle fanden. Ihr süßes Geheimnis ist nämlich, dass Maggie machen lässt, also backen. Nur erfahren sollte es niemand. Deshalb schob die Chefin höchstpersönlich die Kuchen in die Röhre und holte sie auch wieder heraus. Die „Ahs" und „Ohs" feister Kuchenlochgesichter waren ihr dabei sicher.

ABRISSBIRNE FÜR BIRNES NICHTE

Lange lief die Sache gut, überraschend lange. Doch eines Tages flog der Schwindel auf. Gerüchte machten die Runde, Nichte Maggie würde sich mit falschen Lorbeeren schmücken (wie es so schön heißt). Jedenfalls verließ die Backstubenhochstaplerin *stante pede* die Stadt. Allerdings nicht, ohne vorher noch ein Abrissunternehmen zu beauftragen, welches das Kuchenloch dem Erdboden gleichmachte. Seltsamerweise ließ sich Maggie vorher noch mit einigen Stammgästen fotografieren. Glücklicherweise, muss man fast sagen.

#01: DIE MUTTER-DOGMA-PIEHOLE-PEEPSHOW

#02: TOMTSCHEK, HIER IST FLO, WIR MÜSSEN SOFORT LOS INS K***LOCH, ES FEIERT SEINEN ABSCHIED ...

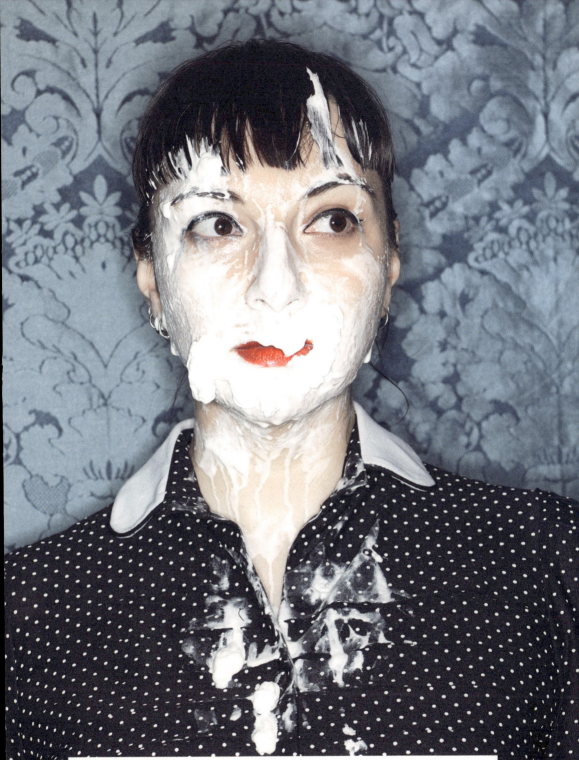

ADELHEID, 67: „In Sahnetorte könnte ich mich reinsetzen. Wenn mein Mann nicht zu Hause ist, mache ich das sogar heimlich. Das Kuchenloch ist meine zweite Heimat. Also nach dem Schnapsloch. Und dem Sahneloch."

TANTE BIRNES NICHTE MAGGIE, 21:
„Selbstverständlich habe ich alles selbst gebacken. Wollen Sie noch ein Muffin? Ein Puff-Muffin?"

KARL-OTTO, 36:
„Ich lasse meine Aggressionen an Gebäck aus. Ist doch viel besser als Saufen oder unschuldige Leute zusammenzuschlagen."

HARALD, 31:
„Von wegen Krise. Ich lad mir im Internet alles runter und im Loch den Teller so voll, dass er sich biegt."

JEAN-BAPTISTE, 53:
„Als Kind hatte ich einen Hamster. Jetzt bin ich selbst einer. Zumindest wenn ich sonntags das Kuchenloch besuche."

THORSTEN, 7: „Meine Eltern sind Veganer. Kuchen gibt es da nur in Ausnahmefällen und immer ohne Eier oder Butter. Im Kuchenloch esse ich immer alle Sorten. Leider haben sie dort keinen Kuchen mit Speck. Das explodiert dir in der Fresse!"

BURSCHI, 22:

„Manche finden, ein Rocker sollte keine Muffins essen. Zu unmännlich. Wissen Sie was? Ich scheiß auf so 'ne Meinung."

JAKOB, 78:

„Auf unserem Landsitz haben wir strengstes Zuckerverbot. Darum hol ich mir regelmäßig den Zuckerschock im Kuchenloch."

HENRIETTE, 46:

„Ihnen ist schon klar, dass man mit Erdbeertorten eine Menge anstellen kann? Und ich meine jetzt nicht nur essen."

ROSWITHA, 16:

„Eigentlich wollte ich ja heute noch ins Solarium. Aber dann hab ich den einen Euro lieber in Rhabarberkuchen investiert."

KNUT, 28: „Zu mir haben sie immer schon als Kind gesagt, ich würde fressen wie ein Mähdrescher. Bis heute brauche ich kein Schlabberlätzchen: Ich zieh mich lieber gleich beim Essen nackig aus. Das habe ich von Tante Birne gelernt."

03

EINMAL HATTEN WIR BEI H.A.P.P.Y
SOGAR EINEN RED CARPET.

DAS 50 ZENTIMETER BREITE UND ETWA
DREI METER LANGE STÜCK AUSLEGEWARE,
EIN PREISWERTER REST VOM WÜHLTISCH
IM TEPPICHBODENCENTER TEBOZENT,

DAS DA BEI DER GALA-PREMIERE DES FILMS
„FELICIDAT" VOR DEM SCHIKANEDER-KINO
AUF DEM GEHSTEIG LAG,

WAR WEDER
HOLLYWOOD
NOCH CANNES.

ABER ES VERLIEH
DER VERANSTALTUNG
EINE MENGE GLAM.

DIE STARS DES ABENDS
WURDEN MIT EINER
LIMOUSINE VORGEFAHREN;

KEIN HUMMER
UND AUCH NICHT
STRETCHED,
EHER EIN
PRAKTISCHER
FAMILY-VAN.

IN DIESEM KAPITEL
GEHT ES GENAU DARUM:
DEN GROSSEN AUFTRITT,
DIE GROSSE GESTE,
DIE UNVERSCHÄMTE
BEHAUPTUNG,
BIGGER THAN LIFE ZU SEIN.

UND WENN SIE KEINE
ANGESTELLTEN HABEN,
DIE IHNEN DAS TÜRCHEN
AUFMACHEN, MÜSSEN
SIE HALT SELBST DIE
KLINKE PUTZEN.

ABER TUN SIE ES, BITTESCHÖN,
ERHOBENEN HAUPTES!

TÜR AUF

GEFÜHL

INTERESSE

TOLL

GANZ GROSS!

TÜR ZU

„OH MY GOD, OH MY GOD, WO SOLL ICH JETZT NUR ANFANGEN?!** Ich mein, bitte,wie soll ich jetzt, ich weiß nicht, hunderttausend Trillionen von Folgen, die ich da jetzt nach-erzählen soll innerhalb von a short time. **ALSO, ÄHM, WAS KANN ICH SAGEN? WAS IST PASSIERT?**

Äh, natürlich, wie es so ist: Tür auf Tür zu, S.O.A.P. tausende, hundertetausende, ähm, Stränge, die sich, ähm, entwirrend verwir-ren. Und ich kann das ja gar nicht in einem. **ES GEHT GAR NICHT IN EINEM. NEIN, ES GEHT EIGENTLICH GAR NICHT. ABER I TRY IT.**

Also, äh, ich hab mir gedacht ich fang mit meinen Lieblingsszenen an, und ich mein: da gibt's schon einige. Und zwar wie Lee und Paul – oder: Konrad? – gemeinsam mit dem Auto fahren. So herumruckeln. Aber ich mein, vielleicht sollt ich mal beginnen. **WIE HAT DAS GANZE BEGONNEN?** Natürlich mit einem „Ich erwache aus dem Koma". Claudia erwacht aus dem Koma, Konrad wird ermordet, äh, ähm, und ähm, ja und dann beginnt natürlich ein ganz großes Drama und, äh, ich hab mir jetzt überlegt, wer mit wem eigentlich zusammen war. Bei Soaps ist es ja immer so: Tausende Leute haben dann Affären. Und Jahre später denkt man sich: Gibt's des? Ich mein, da war die Tochter, der Sohn mit irgendwem zusammen. Aber wir sind ja nicht in einer Familie, sondern wir sind im Theater und Film, Fernsehen und da sind ja auch alle mit irgendwem zusammen. Also ich soll Namen nennen. Jessi und Konrad hatten was zusammen. Und Ben und auch Jessi hatten was zusammen. Und Konrad und Lee waren verheiratet. Und Gianni und Claudia waren verheiratet, sind verheiratet. Mehr unglücklich als glücklich, glaube ich. **ÄH, UND, ÄHM, JA, GUT, ALSO. JA?**

Und jetzt sollt ich mal ein bissel so Storys erzählen. Ähm, was war noch sehr, sehr, sehr? Also was hat mich am allermeisten berührt? Äh. Also ich habe mir eine Folge nach-angeschaut, das ist auch so super, das kann man ja. Äh. Und da war auch eine Szene so lustig, wo die Lee in der Badewanne sitzt und da kommt dieses Wasser so runter. Es sind so einzelne Sachen. Es sind so gar nicht so Beziehungen, die mich manchmal so. Sondern einfach so das Leben, die S.O.A.P., ich verlier mich natürlich wieder in irgendwelchen kleinen Mini-De-tails. **ÄHM, WAS IST NOCH INTERESSANT? ÄHM.** Dann hab ich natürlich auch total super gefunden, äh, ich bin ja ein Britney-Spears-Fan, ich weiß: Das ist eine persönliche Meinung. Das, wo sie das übertreiben „My lonelyness is killing me, and I …".

Also, ich weiß nicht, das ist auch so schön. Das war bei Paul und Lee, also, ich mein, das war einfach so Dynamik und Drama und überraschend. Es gibt immer so Musicalsachen, die dann auch immer so einfließen bei diesen ganzen TV-Serien. **UND, ÄHM, JA UND PRINZIPIELL SO SACHEN,** die einen einfach berühren. Und auch, dass zum Beispiel eben so, ich weiß nicht, dann natürlich geballt auch sehr viel eine Rolle spielt. Und ich mein: Wer ist da zusammengeschlagen worden? Ben! Ben ist zusammengeschlagen worden! Weil der Musiker zu viel wusste und Lee auch und, und, pffff, es war auch ziemlich aggro. Und dann auch diese Zwillingskomponente und Psycho-Schizophrenie mit Konrad und Paul. Weil wir wissen: Konrad ist tot. Aber in Wirklichkeit ist Paul die RE-IN-KAR-NA-TION! Und was ich halt immer persönlich sehr super finde: **LIEBE, DRAMA, JA! TÜR AUF, TÜR ZU."**

TÜR AUF

OH MY GOD, OH, OH MY GOD

S.O.A.P.

#03 / KLOSTER
SAYS OH MY GOD!

TÜR ZU

ARNOLD KENNE ICH WIE MEINE HOSENTASCHE! / SIE HABEN WOHL KIRSCHEN AUF DEN AUGEN!

ICH HÄTTE MEINEN ELTERN GLEICH REINES WASSER EINSCHENKEN SOLLEN.

MÄDCHEN MIT GROSSEN FÜSSEN KÖNNEN NOCH ANPACKEN / WO DRÜCKT DER HUT?

DEINE MUTTER WÜRDE UNS SELBST IM SCHLAF DEN HIMMEL HEISS MACHEN.

ABER MAN KANN DOCH AUS EINEM ESEL KEINEN ELEFANTEN MACHEN!

„CHARLY'S TUNTE", DAS STÜCK IM STÜCK, GEHT SO:
DADDY IST SEXUELL FRUSTRIERT UND MACHT SICH AN DEN LOVER RAN. > MUTTI IST SCHWER SCHWERHÖRIG
UND WILL, DASS DER SOHN ENDLICH HEIRATET. > DER SOHNEMANN HAT NEN LOVER UND STELLT DEN ELTERN
DIE ARBEITSKOLLEGIN ALS BRAUT VOR. > DER LOVER GLAUBT, DASS ER ENDLICH DEN ELTERN VORGESTELLT

TÜR AUF

WIRD, UND TRÄGT FUMMEL. > DIE ARBEITSKOLLEGIN GLAUBT, DASS DER JUNGGESELLE SIE MIT DEM LOVER VERKUPPELN WILL, UND: SIE WILL KEINE SCHWULENMUTTI MEHR SEIN. > DER PAGE HAT EIN ENORMES DING. DOKTOR GEILHEIMER MACHT SEINEM NAMEN ALLE EHRE. > UND DAS ALLES SPIELT IN EINER HERRLICHEN WELLNESSOASE. DENN: IN SO EINER WELLNESSOASE IST IMMER WAS LOS. > VORHANG.

TÜR ZU

S.O.A.P. TÜR AUF TÜR ZU

IMMER WENN IRGENDWO EINE TÜR AUFGEHT, GEHT WOANDERS EINE ZU

DIE SOAP GEHT SO:

Claudia hasst den Regisseur, der hasst den Morgen danach. Ricky hasst Jessi und Ben. Ben hasst Lee. Paul verliebt sich in Lee. Jessi hasst sein „großes Gefühl": den Furz. Die Offstagers hassen die Onstagers und lassen keinen Sabotageversuch aus. Da wird Prozac mit Valium vertauscht und Viagra mit Tic Tac. Man liebt sich nicht, man schläft miteinander – aber nur aus Gemeinheit. Und wenn man die richtigen Medikamente genommen hat.

#04 / VERPASS JA NICHT DIE LETZTE FOLGE VON S.O.A.P.!

TÜR AUF

S.O.A.P. INTERESSE

DER CATFIGHT GEHT SO:

Gerangel. *Kamera over linke Schulter* Andreas. An den Oberarmen packen, schütteln, gesamte Körperhaltung leicht schräg. Alex(is) schubst Andreas während des Gerangels nach hinten. *Cut.>* Adreas fällt von rechts ins Bild auf den Rücken direkt vor die Kleiderpuppe, blickt nach rechts hinten, sieht Puppenarm, fasst diesen mit der linken Hand, greift ihn mit beiden Händen an, richtet sich auf und holt aus. *Cut.>* Alex liegt bäuchlings am Boden, Andreas kniet dahinter und schlägt ihn mit dem Puppenarm, wirft ihn nach rechts hinten weg, fasst ihn an den Waden, mit beiden Armen. Andreas fasst Alex am Popsch/Rockbund, dann wieder an den Waden, zieht ihn an sich ran. *Cut.>* *Kamera links hinter Alex.* Andreas steht auf, zieht mit beiden Armen an der rechten Wade, fasst Alex von hinten mit der rechten Hand in die Haare, linke Hand am Rücken. Er zieht Alex nach oben, der steht auf, hält sich die Perücke, versucht, sich von Andreas' Armen zu befreien. Alex wird nach rechts geschubst. *Cut.>* Andreas wirft Alex an die Wand, beide stehen face to face an der Wand, Gerangel *(Rumba)*. Alex erblickt Federboa links neben sich, wickelt sie um Andreas. Würgen! *Cut.>* *Kamera hinter Andreas.* Gerangel, beide bücken sich. Andreas wirft Alex auf den Boden, setzt sich auf ihn drauf, holt mit rechter Hand aus. Schlag, linke Hand. Schlag, nochmals rechts ausholen. *Cut.>* *Kamera over the shoulder Andreas von oben.* Schlag rechts. Andreas reißt Kette von Alex' Hals mit der linken Hand, Alex fasst Andreas' linken Unterarm, beißt rein. *Cut.>* *Kamera hinter den Köpfen.* Andreas dreht Alex um und reißt an Kleidern. 3/4-Drehung nach rechts von der Kamera weg und wieder zurück. *Cut.>* *Kamera hinter den Köpfen, Totale.* Halbe Drehung nach rechts. Andreas beugt sich über Alex. *Cut.>* *Kamera von rechts.* Andreas über Alex gebeugt, beide fuchteln. Alex schubst mit dem Fuß Andreas weg. *Cut.>* Beide fallen auf den Rücken. Andreas setzt sich auf und packt eine Schüssel mit Pailletten und wirft mit der rechten Hand. *Cut.>* Alex fällt an die Wand, sinkt nach unten. *Over and aus.* (Material: Catfight Alexis & Krystle in „Dynasty", ca. 1985)

CATFIGHT

05 / VON WEGEN
SCHNURRDIBURR:
DER 1A-CATFIGHT

DER S.O.A.P-INTERVAL-DANCE GEHT SO:

STAUB VON DER HOSE RECHTS, TWIST, NACH VORNE SWINGEN. PFERD PEITSCHEN RECHTS, PFERD PEITSCHEN LINKS. STUFEN NACH OBEN ZEIGEN. MIT DER HÜFTE DREHEN UND NACH HINTEN TROMMELN. STAUB VON DER HOSE RECHTS, STAUB VOM HINTERN LINKS. GLEITZEITTEIL. STAUB VON DER HOSE RECHTS, TWIST, NACH VORNE SWINGEN. PFERD PEITSCHEN RECHTS, PFERD PEITSCHEN LINKS. STUFEN NACH OBEN ZEIGEN, ACHSEL QUETSCHEN, BODEN PUMPEN, ARM ABWISCHEN, TROMMELN. STAUB VON DER HOSE RECHTS, STAUB VOM HINTERN LINKS.

TÜR ZU

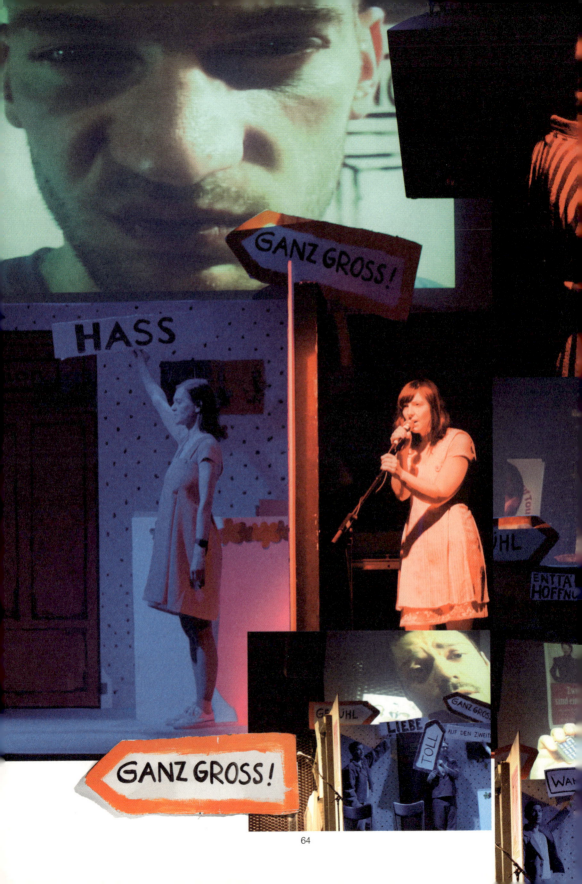

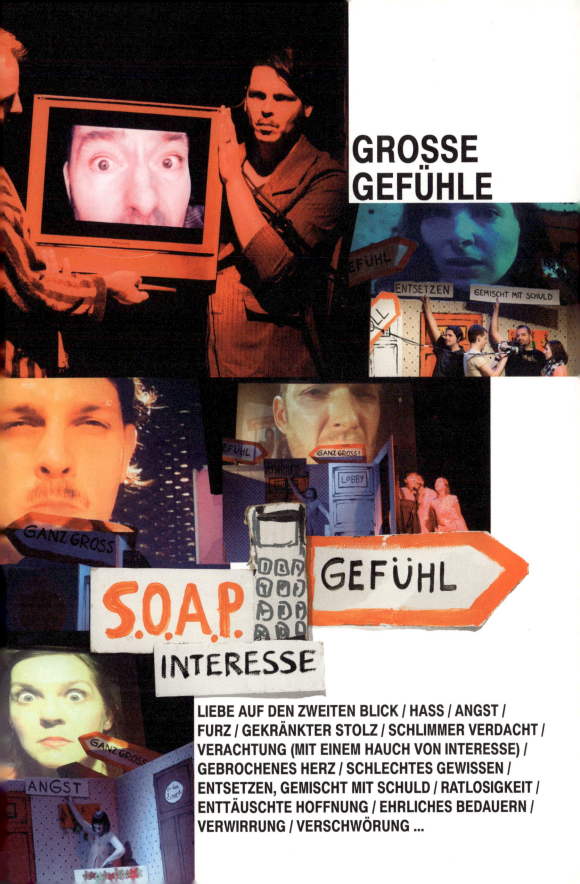

GROSSE
GEFÜHLE

GEFÜHL
ENTSETZEN   GEMISCHT MIT SCHULD

GANZ GROSS!   LOBBY

GANZ GROSS

S.O.A.P.   GEFÜHL

INTERESSE

GANZ GROSS

ANGST

LIEBE AUF DEN ZWEITEN BLICK / HASS / ANGST /
FURZ / GEKRÄNKTER STOLZ / SCHLIMMER VERDACHT /
VERACHTUNG (MIT EINEM HAUCH VON INTERESSE) /
GEBROCHENES HERZ / SCHLECHTES GEWISSEN /
ENTSETZEN, GEMISCHT MIT SCHULD / RATLOSIGKEIT /
ENTTÄUSCHTE HOFFNUNG / EHRLICHES BEDAUERN /
VERWIRRUNG / VERSCHWÖRUNG ...

„VERSCHWÖRUNG"

Allem Bösen
werden wir entgegenhalten.
Wenn wir zwei nur
ordentlich zusammenhalten.
Keine Sorge.
Nur Mut.
Ruhig
Blut.

„ZERBROCHENES HERZ"

Zerreiß mein Gewand.
Na mach schon!
Raub mir den Verstand,
das geht schon.
Zerquetsch mir die Hand.
Nun komm schon!
Zerkratz mein Gesicht.
Doch brich mir mein Herz nicht.

Sei mal gemein.
Na mach schon!
Schlag auf mich ein,
das geht schon.
Brich mir das Bein.
Nun komm schon!
Zerquetsch meinen Schwanz.
Doch lass mir mein Herz ganz.

Ich wär gern
das Weltall.
Es fühlt nicht
den Schmerz
Ich müsste
nie weinen
und hätte
kein Herz (...)

GANZ GROSS!

„IRGENDWANN"

Messerstich und Würgemal
kopfüber ins Urinal.
Einschussloch und Rattengift
angesägter Treppenlift.

Blaues Aug und blauer Fleck,
Psychoterror, Heidenschreck,
Haare reißen, Ohren ziehn,
wirklich bittre Medizin (...)

„VERDACHT"

Wie ein Vampir, der sexy
durch das Fenster fliegt,
die Schwarze Mamba,
die glänzend in der Sonne liegt.
Ein Raubtier, das sich zärtlich
an die Beute schmiegt,
Spiderman, der am Ende
seine Fliege kriegt.

Wie die Duftkerze, in deren
Licht die Motte fliegt,
der VW-Phaeton, der
plötzlich um die Ecke biegt.
Der Jungbrunnen,
der am Ende doch versiegt,
die Freundin, in der das
Böse überwiegt.
(...)

GROSSE SEIFEN-LIEDER

#06 / HIER IST
„DIE VERACHTUNG"
(LUSTIG!)

#07 / HIER IST
EIN „GEBROCHENES
HERZ" (TRAURIG!)

„VERACHTUNG MIT EINEM HAUCH INTERESSE"

Ich find dich ehrlich
nicht sehr begehrlich.
Und wenn ich dich vor mir
schmachtend stehen seh,
ist da was, irgendwas, das mir
nicht gefallt.

Ich find dich eben
total daneben.
Und wenn ich auch
deine Worte gut versteh,
ist da was, irgendwas,
das mir nicht gefallt.
Dein Gesicht, das mag ich
nicht, und deinen Duft
ertrag ich nicht.
Deine Kusse will ich nicht,
doch deine Augen schon.
(...)

„ANGST"

Dunkelgrau droht
der Schatten an der Decke.
Ungenau rast mein
Herzschlag um die Ecke.
Gnadenlos pocht die
Panik in den Ohren.
Schwerelos friert mein
Angstschweiß in den Poren.
(...)

„TUT MIR LEID"

Jede kleine Untat,
jeden Streich
und jeden Streit
würd ich ungeschehen
machen,
hätte ich die Möglichkeit.

Was ich dir auch antat,
jede Hinterhältigkeit,
all die wirklich fiesen Sachen
tun mir heute ehrlich leid.
(...)

„SCHLIMMES ENDE"

Wenn ganz am Ende der
Vorhang fällt,
wenn aller Jubel verklingt,
wenn dann kein Licht mehr
die Nacht erhellt
und auch kein Vogel
mehr singt,
dann seh ich vor mir ein Ende
mit Schrecken – ein Schrecken
am Ende der Nacht.
Dann seh ich vor mir ein Ende
mit Schrecken – und das hab
ich selber gemacht.
(...)

67

Wer hat die dickste
Seifenhaut?

J

GUNTER „JESSI" JESSERER

Jessi ist Publikumsliebling. Neider sagen:
selbst ernannter. Kaum fällt der Vorhang,
lässt der Mime die Masken fallen. Fragt man
ehemalige Liebhaber, verblasst das Bild vom
Liebling komplett. Absnobben, das kann er,
der Jessi. Oder die Souffleuse anschnauzen.
Aber am Bühneneingang alten Damen Auto-
gramme aufs Dekolleté geben und einen
auf Schwiegersohn machen! Lieblingsort
im Theater sind die Waschräume.

LEE ONDRACEK

Gemeine Kolleginnen nennen Lee hinterrücks
„das Ondradreckstück". Wer die leidenschaftliche Intrigantin kennt, weiß, dass das
nicht aus der Luft gegriffen ist. Nachdem
ein Boulevardblatt die begnadete Schauspielerin als „Mörderschlampe aus Iserlohn"
bezeichnet hat, war auch am Gay ganz
schön die Kacke am Dampfen. Apropos:
Schön ist sie übrigens auch, die Ondracek.
Man findet sie stets in der Kantine.

L

DIE *KOMÖDIE AM GAY* IST IHR INTIMES BOULEVARD-THEATERCHEN IN HAPPYHAUSEN. FAMILIÄR GEFÜHRT, HABEN SICH HIER ALLE GANZ DOLL LIEB. ERLEBEN SIE DAS „WHO IS WHO" DER UNTERHALTUNGSKUNST VOR, AUF, HINTER UND UNTER DER BÜHNE.

Fotos: Manfred Langer

G

GIANNI WRABITZKY

Eigentlich heißt Gianni nicht Gianni, sondern Johann, aber bei der Karriereplanung kam dem Selbstdarsteller das Italienische wohl exotischer vor. Der Prinzipal ist die Seele der Komödie am Gay, und sein Motivationsmantra lautet: „Der Lappen muss rauf!" Gemeint ist der Vorhang. Der Regisseur kümmert sich nicht nur um Neubesetzungen, er dreht auch Glühbirnen rein, wenn Not am Mann ist. Sein bevorzugter Platz? Die Besetzungscouch.

LA LALALA

Umbesetzungen gehören am Gay zur Tagesordnung. Und in der Regel bedeutet das für die Kostümbildnerin im Hause: umschneidern. Von groß auf klein, von adipös auf magersüchtig. La Lalala macht das, ohne mit der Wimper zu zucken. Allerdings versteht sie auch, sich an Aktricen mit Größenwahn zu rächen. Indem sie die Bühnenroben eine Spur zwickezwackekleiner näht. Ihr Lieblingsort im Theater ist der Heizungskeller.

R

RICKY ANDERSON

In „Charly's Tunte" spielt Ricky den Sohn, der sich endlich vor seiner Familie outen will, was für ein Spaß! Leider nicht für die leibliche und die Schwulenmutti. Anderson, Spross einer Schauspielerdynastie, sieht das erstaunlich locker: „Für manche wäre die Rolle eine große Herausforderung", sagt der Beau. Und meistert sie mit links. Hauptsache, der Ruf als neurotischer Mädchenschwarm wird nicht ruiniert. Rickys Lieblingsplatz ist die Bühne.

?

unzufriedener STATIST

GROSSE DIVA

C

NAMENLOSER KLEINDARSTELLER

Der Hausjurist ist in der Komödie am Gay schon eingesprungen, sogar dem Obdachlosen, der immer vor der Tageskasse die Leute anschnorrt, gibt Gianni hin und wieder mal eine Rolle, wenn jemand ausfällt. Nur der Statist? Bleibt immer Statist. Doch unser ewig unzufriedener Kleindarsteller weiß: „Eines Tages werde ich eine Hauptrolle spielen." Oder zumindest ein, zwei Sätze aufsagen, statt immer nur wild mit den Augen zu rollen. Lieblingsort: der Liftschacht.

CLAUDIA WRABITZKY

Nein, als Gattin des Chefs hat man's echt nicht leicht. Dieses Los teilt Claudia Wrabitzky mit vielen Diven: Das mit den tollen Rollen hört sich irgendwann auf, man wird auch nicht jünger, und dann noch die unappetitlichen Affären des eigenen Mannes. Zum Glück kann die Wrabitzky noch ganz gut die Krallen zeigen und Gianni bekommt regelmäßig eine aufs Dach. Jeder weiß, wer am Gay die Hosen anhat! Wenn sie nicht gerade „im Kloster" ist, findet man sie im Kulissendepot.

B

KOMA PATIENT

ZWEIT-BESETZUNG

BEN ORLANSKY

Ben, Ben, Ben – das Sonnenscheinchen in der Komödie am Gay. Dabei tun sich auch hinter der strahlendsten Fassade Abgründe auf. Wie man hört, hat der juvenile Mime was mit Jessi. Und er weiß mehr, als manchen im Theater lieb ist. Vor allem Lee wird das Gefühl (manche sagen: das einzige, zu dem sie fähig ist) nicht los, dass Ben ihr irgendwann einmal zum Verhängnis werden könnte. Pass gut auf dich auf, kleiner Ben! Er bevorzugt übrigens den Schnürboden.

PAUL DARNOK

Noch so ein ehemaliger Schauspielschüler von Gunter Jesserer. Weil wieder einmal wer ausgefallen ist, hat Gianni diese hübsche Nachwuchshoffnung quasi aus der Ausdruckstanzstunde heraus vom Fleck weg engagiert und ihm auch noch eine Riesenrolle gegeben – als Zweitbesetzung, aber das wird! Was erst keinem auffiel: dass Paul Darnok seinem Vorgänger Konrad Luap zum Verwechseln ähnlich sieht. Sein Lieblingsplatz in der Komödie: die Hinterbühne.

S

BÖSE SOUFFLEUSE

INTRIGANTER MUSIKER

M

DIE SOUFFLEUSE

Eine Souffleuse mit Sprechblockade –
so etwas gibt es auch nur in der Komödie
am Gay. Was wohl auch daran liegt, dass
die Schauspielerinnen und Schauspieler
brav Text gelernt haben und nicht auf fremde
Hilfe angewiesen sind. Gut so, denkt sich
unser tapferes Souffleuslein, hab ich
wenigstens Zeit für mich: Augenbrauen
zupfen, hübsch machen und Leute gegeneinander aufhetzen. Ihr Lieblingsplatz ist
natürlich die Souffleusenkiste.

DER MUSIKER

Wie der schon schaut! Normalerweise ver-
räumt man ja Musiker im Orchestergraben.
Am Gay dürfen sie auch ab und an auf die
Bühne. Zumindest wenn sie so gut aus-
schauen wie dieses Exemplar; schließlich isst
das Auge des Betrachters auch mit. Und wenn
man als Schauspielerin mal eine starke Schulter zum Anlehnen (oder zum Kontrahenten
Verdreschen) braucht, dann springt der fesche
Herr Musiker auch gerne in die Bresche. Sein
Lieblingsplatz? Hinterm Kontrabass.

PLAKATE „KOMÖDIE AM GAY", TOMTSCHEK, 2011

FOTOS: MARTIN STÖBICH
ASSISTENZ: JULIA
KOSTÜME „SOAP": PARSIA KANANIAN

**GASTSPIEL BEIM THEATERFESTIVAL
IN SAINT COQ DE LA MER / SÜDFRANKREICH**

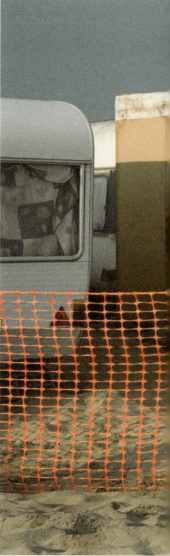

Es hatte sich ja auch zu schön angehört:
Gianni war es gelungen, mit der *Komödie am Gay*
ein Gastspiel beim berühmten Theaterfestival in
Saint Coq de la mer (Südfrankreich) zu organisieren.
Heraus kam ein Skandal, der sich gewaschen hatte.
Alles lief zunächst nach Plan, man spielte, die
Zuschauer waren begeistert. Bei der Publikums-
diskussion im Anschluss an die Show aber
verwechselte Lee das französische Wort für
„Stück", sprach stundenlang von *la bite,*
französisch für Penis. Penis, hier, Penis da,
tres scandaleux! Die Truppe musste den Trailerpark,
in dem die Festivalleitung sie untergebracht hatte,
verlassen. Sogar die Kostüme, die zum Lüften in der
Meeresbrise hingen, blieben nach der überstürzten
Abreise zurück. *Merci Lee, ma petite bite.*

#08 / UNTERHALTUNG
VOM FEINSTEN:
DIE ZAUBERSCHAU
MIT ZERSÄGTER
JUNGFRAU

#09 / DAGI KOLLER
IN DER DAGMAR-
KOLLER-TURNHALLE
BEI DER „NICHT
INS DUNKEL"-GALA

#10 / DAUER-
WERBEFERNSEHEN
MIT „SANTA DRY",
DER WINDEL FÜR DEN
WEIHNACHTSMANN

#11 / DAS H.A.P.P.Y-
TV-TELE-GESCHÄFT
MIT DEM „DER DIE
JOE" UND DEM MAN-
FRED, ODER WIE DER
TYP SONST HEISST

#12 / „DUFT DER
MANEGE": ERLEBEN
SIE UNTERHALTUNG
DER EXTRATASSE
LIVE AUS DEM
ZIRKUS BROT

#13 / „HEIMEN &
WERKEN", DIE EINZIGE
TV-MEN-ONLY-
BASTELANLEITUNG
MIT UWE, GÜNTHER
UND HEISSKLEBER

#14 / ZEITGE-
SCHICHTE PUR:
EINE VERSTÖRENDE
DOKU ÜBER PELZ-
HAUBEN-MORD – UND
WAS SIE TUN KÖNNEN

#15 / BIGGIE UND
IHR TEAM BRINGT
FITNESS IN DEIN
JUGENDZIMMER –
MIT EINER ALTEN
FOLGE AUSDROBIC

#16 / NOCH MAL
BIGGI MIT DEM NEUEN
TREND AUS AMERIKA:
TUNTSCHI. AM
BESTEN GLEICH
MITMACHEN!

H.A.P.P.Y-TV
DER SENDER MIT DEN SENDUNGEN

ASTROLOTTIS HORRORSKOP

AUSDROBIC MIT BIGGI

ANNTON, JUTTA & PUPEHLE

BIG PUPPENMUTTI

CHARLOTTOFEH

DER GRÜNE DAUMEN

DAS DRITTE AUGE

DER DUFT DER MANEGE

FRAGEN SIE MADAME TOURETTE

GESELLSCHAFT MIT
DOROTHEA HERMANN

HANDTASCHENRÄUBER

FELICIDAT
DORNENWEGE ZUM GLÜCK

FEMINALE

GAMESHOW AT HOME

H.A.P.P.Y TELEKOLLEG

HEIMEN UND WERKEN MIT UWE

DIE KAKA KAKERLAKEN SHOW

KOMEDISTADL
MIT KEVIN SCHLECKA

KUNST IM SPIEGEL DER ZEIT
(MIT KURT SODBRENNER)

LANDSCHAFT

DER MUS-ROOM

OMA OPA FKK

DER SCHANDFLECK HEUTE

TANTE BIRNES KÜCHE

TELEGESCHÄFT

TIERE MIT KATHARINA BRUHNS

TUNTSCHI MIT BIGGI

UNIVERSALVERSAND 3000

WAS WIRD
EIGENTLICH AUS ...

49.565 VERSCHIEDENE SENDEFORMATE, 34 KANÄLE WELTWEIT, DREI MILLIONEN MITARBEITER, davon zwei Drittel nur mit den Frisuren der stolzesten Moderatorinnen und Moderatoren beschäftigt. Das sind nur einige beeindruckende Zahlen aus dem H.A.P.P.Y-TV-Medienimperium. Wir können hier aus Platzgründen nur die beliebtesten Programme des größten Fernsehsenders der Welt aufzählen, allesamt in den eigenen Studios produziert. Leider kann man H.A.P.P.Y-TV momentan nur in Südamerika empfangen. Oder Sie machen nebenan ein bisschen klicki klicki!

MAEDCHEN FELLNER:
THIS GIRL IS ON FIRE!

SIE WAR DER GLAMOURÖSE MITTELPUNKT DER TELENOVELA „FELICIDAD", SPIELTE DIE MAFIA-BRAUT IM EPOS „EKSTASE" UND STAND ALS STEFFI GRAF IM GLEICHNAMIGEN MUSICAL MEHR ALS 2000 MAL AUF DER BÜHNE. ZULETZT WURDE ES EIN WENIG RUHIG UM MAEDCHEN FELLNER. DASS ES DER H.A.P.P.Y-STAR DER NEUNZIGER- UND NULLERJAHRE IMMER NOCH GANZ SCHÖN KRACHEN LASSEN KANN, DAVON ÜBERZEUGTE UNS DIE SCHILLERNDE DIVA BEI EINER EXKLUSIVEN AUDIENZ

DIE BOULEVARDPRESSE WOLLTE IHR AUS EINEM ACHTLOS WEGGEWORFE-NEN KAUGUMMIPAPIER EINEN STRICK DREHEN, ABER: „NICHT MIT MIR!"

ENGAGEMENT IST DER DIVA WICHTIG.
SIE SETZT SICH FÜR TIERE EIN, FÜR
ALLEEBÄUME UND FALLOBST. DASS
SIE DAS ÄUSSERST GLAUBWÜRDIG
TUT, BEWEIST DIESE KLEINE DEMO
VOR DER BEKANNTESTEN FLEISCH-
HAUEREI VON HAPPYHAUSEN

EINST GROSSER STAR IN DER
H.A.P.P.Y-UNTERHALTUNGS-
INDUSTRIE: MAEDCHEN FELLNER
ALS STEFFI GRAF (OBEN) UND
BEI DREHARBEITEN ZUM MAFIA-
EPOS „EKSTASE" (UNTEN)
MITTE DER NEUNZIGERJAHRE

„I AM WHAT I AM!" Der Kies auf dem Weg zwischen der ruhigen Seitenstraße von Spatzing, einer eleganten Gegend von Happyhausen, und der Jugendstilvilla, die Maedchen Fellner ihr Eigen nennt, scheint zu vibrieren. Gloria Gaynors Disco-Hit aus den 70ern ist Programm, und bevor der größte H.A.P.P.Y-Star der Neunziger- und Nullerjahre zum Interview bereit ist, muss erst mal die Platte zuende gespielt werden. Maedchen benutzt echt das Wort Platte, obwohl sie einen CD-Spieler hat. „Ich bin, was ich bin", sagt sie schließlich, nimmt Platz und versinkt fast in dem riesigen Designersofa, angeräumt mit Stofftie-

ren. Die meisten gehören ihrem Sohn Jacky; ein paar sind Geschenke. „Meine Fans wissen, was mir gefällt", hebt die einstige Diva an. Es folgt ein Vortrag, der mit artgerechter Tierhaltung („Tiere zu streicheln ist das höchste Gut!") beginnt und beim Thema Frutarier endet. Frutarier ernähren sich ausschließlich von Fallobst. Maedchen Fellner – ein gefallener Star?

NUR NOCH FALLOBST Auch eine Fellner hat längst den Frutariernachweis erbracht: „Ich esse gerne Obst und Gemüse, nur Fallobst muss es sein", schwärmt die Aktrice während >>

TRÜGERISCHES FAMILIENIDYLL. MAEDCHEN FELLNER IN IHREM GEMÜTLICHEN HEIM IM NOBEL-STADTTEIL SPATZING. LINKS IM BILD: SÖHNCHEN JACKY („DIE MÖRDERPUPPE", WIE ER SELBST GERNE DAZU SAGT)

sie sich ein Röschen Brokkoli in den immer noch sinnlichen Mund schiebt. Nachhaltiger Lebensstil hat auch in der Villa Fellner großen Stellenwert. Recycling, Mülltrennung, Wärmedämmen – dass das nicht immer so war, weiß, wer die Archive bemüht. Während Fellner einen Film nach dem anderen drehte, eine Rolle nach der anderen annahm, um dann auch noch als Musicalstar den Karriere-Turbo zu zünden, blieb nicht nur der Umweltschutz auf der Strecke. Natürlich drehten ihr Medien aus jedem achtlos weggeworfenen Kaugummipapierchen einen Strick und stellten sie als Umweltsünderin an den Pranger. „Die Knef machte als Sünderin Schlagzeilen", sagt die Schauspielerin und streicht sich die Leopardenbluse glatt. „Es gibt keine schlechte Presse, man muss sie nur zu nutzen wissen."

DER STILLE STAR Dass es trotzdem – ihre letzte große Rolle als „Clodia" im Musical-Hit „Lagerhouse" liegt schon eine Zeit zurück – etwas ruhiger um den schillernden Star geworden ist, lag auch an einem anderen Projekt. >>

DER STAR GANZ PRIVAT IN SEINEM WUNDERSCHÖNEN ZUHAUSE. DIE FILMROLLEN WÄREN DA, ES FEHLEN NUR NOCH DIE ANGEBOTE

„I AM WHAT I AM", SINGT MAEDCHEN FELLNER – IN DEM FALL LEIDENSCHAFTLICHE TIERSCHÜTZERIN, DIE AUCH VOR FALLOBST NICHT HALT MACHEN WILL

DIESES GIRL IST AUF FEUER: AUS DEM MAEDCHEN VON DAMALS WURDE EINE ELEGANTE LADY, IHR LIEBLINGSHOBBY IST AUCH VERY LADYLIKE – SHOPPEN GEHEN. ALLERDINGS NUR IN DEN BESTEN BOUTIQUEN HAPPYHAUSENS

Neben dem Tier- und Gemüseschutz engagiert sie sich für die Erhaltung einiger Alleebäume in ihrem Viertel. Sie habe sich, erzählt sie, bereits mehrfach „mit echten Perlenketten" an gefährdete Platanen gekettet. Ihr Protest scheint zu fruchten. Ebenso wie das Engagement für die Babymäuse.

DER NEUANFANG Nun aber scheint Fellner bereit für einen Neuanfang: „Die Regisseure sind da, die Rollen auch", behauptet sie mit einer Kopfbewegung Richtung Coffeetable, auf dem sich eine Handvoll Drehbücher und Manuskripte zu stapeln scheinen. „Es fehlen nur noch die Angebote". Bis es so weit ist, will Maedchen Fellner weitere Projekte in Angriff nehmen. So sieht man den einstigen Superstar regelmäßig in Seniorenresidenzen alte Leute durch die Gegend schieben („Autogrammstunde"), bei Filmpremieren die Sicherheitskräfte bestechen, um auf den Red Carpet zu kommen oder bei Vernissagen Fremden zuprosten. Und schließlich rückt der späte Star noch mit einem Geständnis heraus: „Eigentlich mag ich die Menschen nicht", seufzt Fellner. Oh, wieso? „Weil sie nicht zuhören können", lautet die Antwort lapidar. Tiere seien die besseren Zuhörer. Genauso wie welke Früchte oder Gemüse. „Brokkoli erzählt mir immens viel über sich, man muss nur zuhören." Und plötzlich ist es wieder da, das dröhnende Lachen, einst Fellners Markenzeichen. „Nur ein Scherz", lacht sie und wischt sich dabei die Tränen aus den Augen.

DIE ESOTERIKMASCHE „Keine Angst", versichert die Diva mit dem Zeug zum späten Star, „die Esoterikmasche war nur aufgesetzt." In hohem Bogen fliegen Dörrobst, welkes Gemüse und Granderwasser aus dem Fenster in den Garten. Dynamisch springt die Aktrice auf. „Bäm, bäm, bäm", ruft sie, „jetzt geht's zum Shopping!" Tja, einmal Maedchen, immer Maedchen. Oder um es mit Alicia Keys zu formulieren: „This girl is on fire!"   <<

„TIERE KÖNNEN ZUHÖREN", SAGT MAEDCHEN FELLNER (HIER BEI EINEM BESUCH IN IHREM PRIVAT-ZOO MIT EINER SELTENEN RINDERRASSE) UND ÜBERRASCHT MIT DER AUSSAGE: „ICH MAG DIE MENSCHEN EIGENTLICH NICHT – WEIL SIE NICHT ZUHÖREN"

„Oft ist das Wesentlich
für die Augen unwasc

ar...
"
(TALLUHLALA HERNANDEZ)

IM HERRLICH VERRUCHTEN BAHNHOFSVIERTEL VON HAPPYHAUSEN GELEGEN, BRINGT DER **KL**
EINE AUFREGENDE **BURLESQUE-SHOW DER WELTKLASSE**. ERLEBE
GRETA VON DEUTSCH, IN DEN 50ERN PING-PONG-WELTMEISTERIN, WIE SIE IHREN
SCHÖNE BEINE MACHT. LASSEN SIE SICH VON **AXEL DEM ADLERMANN** BEGEISTE
ODER VON **MADEMOISELLE HELGA** MIT IHRER SPEKTAKUL
PUDEL-NUMMER BEZAUBERN.

#17 / LIVE-CAM AUS
DEM CLUB EKSTASE:
C'EST MAGNIFIQUE!

STASE TÄGLICH
HERRIN
UBEN

#18 / KOMMEN SIE,
STAUNEN SIE,
SEHEN SIE SELBST!

EHEN SIE IN UNSERER **SPITZEN-**
BURLESQUE-DARBIETUNG

E 89-JÄHRIGE, GANZKÖRPERTÄTOWIERTE
ETTENRAUCHERIN **LONA LA LUNA,**
NGSPUND **FERRI, DEN PONY-**
BURSCHEN ODER DEN SAGENHAFTEN

DDENSTRIPTEASE VON **FROU FROU,**

M SPATZ AUS SPATZING. BOMBENSTIMMUNG,

EBALLTE EROTIK, BUTTERMILCH UND JEDE
ENGE **BUSENQUASTEN.**

A KOMMEN SOGAR DIE

GESTOURISTEN AUS

LSENKIRCHEN AUF

RE KOSTEN.

04

KAPI

HÖRST DU IHN SCHON, DEN BRAUNEN TON?

MACH DICH BEREIT FÜR EINEN SINNLICHEN SELBSTERFAHRUNGSTRIP, MAN MUSS SICH NÄMLICH NUR DARAUF EINLASSEN.

SPITZT EURE SCHWEINSNÄSCHEN UND SCHNUPPERT, WAS DAS ZEUG HÄLT.

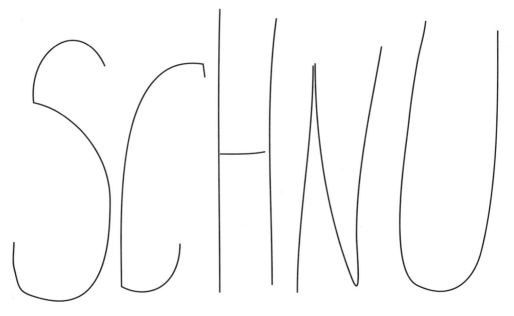

SCHNU

HIER FESTE RUBBELN
UND DANN AN DEINEN
FINGERN RIECHEN!

UCH DIR DEIN SCHNUPPERWOCHENENDE IM SCHNUPPERKLO.
ACH EINEN SCHNUPPERKURS BEI DER BERÜHMTEN INNENARCHITEKTIN, DIE DEN LIFESTYLETREND SANS RÉGALE ERFUNDEN HAT,

ODER PARKE DEIN SINGLESPEED IN DER SCHNUPPERMONATSGARAGE.
HIER KOMMT DAS KAPITEL FÜR HIPSTER,

DIE STETS IHRE NASE VORN HABEN
STATT IMMER NUR IM WIND.

HEY, DAS IST
SO WAS VON
STREET!

DER TREND VON DER DESIGNMESSE IN GRONINGEN / NL:

„SANS RÉGALE"

**DIE BOTSCHAFT IST SO EINFACH WIE GENIAL:
KONZENTRIEREN SIE SICH AUF DEN INHALT!
STOPFEN IST WIEDER IN. PRAKTISCH IST ES OHNEHIN,
UND DER KREATIVITÄT SIND KEINE GRENZEN GESETZT.**

„Meistens kreieren die Leute ihre *Sans Régales* selbst, aber sie holen sich viele Anregungen in den Foren und auf den Messen", sagt Hertha von Brunsvick. So auch auf der Designmesse in Groningen/NL. Dort trafen wir von Brunsvick auf ihrem Messistand, wo sie allerhand Neues zeigen konnte: „Wir sehen Lebensabschnitte, fast wie bei Baumringen, in den extra angelegten Wohnhaufen unserer Kunden." Viele *Sans Régaliers* ordnen chronologisch nach Wochen oder Monaten, andere bestehen auf farbseparierten Skulpturen. Da fallen dann die gelben Frühstückstassen, die gelben Bücher mit den gelben Gummistiefeln in den gelben Pulli-Berg. „Weg mit dem Schubladendenken", lautet ein Slogan der postmodernen Designerin. „Die Pizzaschachtel neben der Pradatüte ist kein Widerspruch, sondern gelebte *Messitsch* auf hohem Niveau", sagt von Brunsvick. „*Sans Régale* sind Schrank, Kommode, Sofa, manchmal auch das Gästebett. Ihre Funktion passt sich den Bedürfnissen an, und so werden die inneren Werte der Wohnung jeden Tag aufs Neue betont. >>

„LEBENSSTIL GREIFBAR MACHEN"

DER AUGENBLICK UND DIE LEBENSGESCHICHTE DESIGNEN IHRE WOHN(T)RÄUME

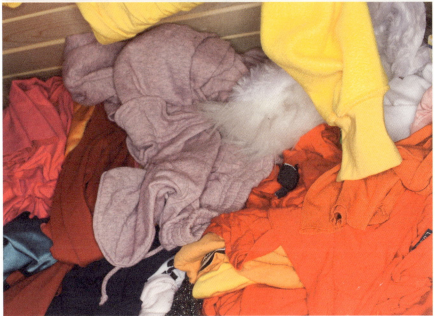

„FORM FOLLOWS FUNCTION"
WAR VORGESTERN. JETZT IST

„NO FORM >
NO FUNCTION"

ANGESAGT: ES BLEIBT EINFACH
ALLES LIEGEN UND STEHEN

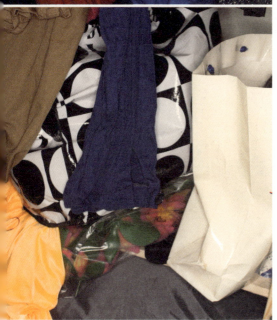

Einige Kunden würden auch saisonale Skulpturen machen. „Im Winter werden dann kuschelige Decken und Pullover mit der Skiausrüstung kombiniert, oft kommt noch im Januar der Weihnachtsbaum dazu. Nur von Schneebällen raten wir ab", führt die Designerin aus. Generell gibt sie den Tipp, nicht trocken mit nass zu mischen. „Staub+trocken" lautet die Devise der skulpturalen Möbel. Das ist, neben dem Hygieneaspekt, auch ganz praktisch. Feuchte Lappen sind höchstens im Hochsommer als Terrassenmöbel denkbar, sonst aber eher ungemütlich.

Alle *Sans-Régaliers* behaupten übrigens, exakt zu wissen, wo sich was befindet, also alles schnell wiederfinden zu können. Die Lieblingskrawatte oder der Fahrradschlüssel, alles hat seinen Platz. Das Beste zum Schluss: Das Reinigen ist ein Kinderspiel, im wahrsten

„BLOSS KEIN SCHUBLADEN-DENKEN!"

Sinne. Rein in den Haufen und feste umgraben, am besten mit beiden Händen, das macht Spaß, ist ein gutes Workout, und Ihre Gäste werden hocherfreut sein, dies nach einem Dinner im Haufen auch selbst tun zu dürfen. Frau von Brunsvick meint dazu:
„Da finden sich dann schon mal delikate Dessous neben der Dostojewski-Erstausgabe und der Margiela-Winterjacke." Wenn die eigene Lebensgeschichte dafür nichts vorsieht, arrangieren von Brunsvick und ihr Team schon mal einen guten Lebensstil auf Anfrage für ihre Kunden. „Wir raten aber immer zu Authentizität, denn *Sans Régale* soll ja einen Wohlfühlfaktor generieren. Das geht dann doch am besten in den eigenen Haufen."   <<

**DAS SIND DIE BESTEN
FREUNDE VON KAKA.
ERINNERST DU DICH
NOCH AN KAKA?**

**KAKA WAR DOCH DAS
VERSTOSSENE TELETUBBY!
KAKA MUSSTE JEDEN TAG
HART ARBEITEN ...**

#19 / SO VERBRINGT
KAKA SEINE TAGE

PIPSI

POPSI

#20 / PFLÜCK
DIR EIN MAUER-
BLÜMCHEN

#21 / HIER KANNST
DU NE STULLE
SINGEN HÖREN?

#22 / FRÄULEIN
STULLE MACHT
AUF LADY GAGA

MAUERBLÜMCHENBALL
BÄSCH IS BJUTIFUHL
JÄHRLICHER HÖHEPUNKT DER BALLSAISON? KLARE SACHE: FRÄULEIN STULLES MAUERBLÜMCHENBALL

Pimpin-Heike Pornsiri, die sogenannte „Bekannte"
von Ballmutter Fräulein Stulle (im Hintergrund)

Wenn die Schönen und Reichen ihre Tanzgebeine auf dem Rosen- oder Opernball ächzen lassen, ist der Höhepunkt der Ballsaison erreicht. Traditionell gehört dazu aber auch eine Veranstaltung für jene, die weder schön noch reich sind: die Mauerblümchen. Gemeinsam mit ihrer sogenannten „Bekannten" Pimpin-Heike Pornsiri organisiert Ballmutter Fräulein Stulle alljährlich den Mauerblümchenball. Gastgeberin Felicitas Stulle, Bändchengymnastikstar aus der ehemaligen DDR, sieht das so: „Wir sind der Ball für alle, die zu wenig reich und schön sind für den Opernball und zu wenig Lady Gaga für den Rosenball." Stulle macht ihrer Anhängerschaft Mut: „Innere Schönheit strahlt auch durch ein beiges Outfit hindurch." Beige ist der angesagte Dresscode für den Ball; allerdings ist das eher programmatisch als farblich zu verstehen.

Dass Mauerblümchen keine Kinder von Traurigkeit sind, zeigen die rauschenden Ballnächte der vergangenen Jahre: flotte Beatmusik, die auch geblümte Rocksäume zum Schwingen bringt, eine dufte Ballmutter, die persönlich das eine oder andere Lied aus ihrem umfassenden Repertoire zum Besten gibt, und natürlich die Wahl zum schönsten Mauerblümchen der Saison. Die Auszeichnung ist heiß begehrt, Jury sind die Mauerblümchen selbst, und es gibt immer einen schönen Geschenkkorb zu gewinnen. Und während man in der polonaisenahen Staatsoper eine Menge Geld dafür zahlen muss, sich zu fadisieren, ist beim Mauerblümchenball der Eintritt frei. Allerdings wird der ausnahmslos waschechten Mauerblümchen gewährt. Für alle anderen heißt es: draußen bleiben.

STULLES TOP 10

Die größten Hits der Achtziger, Neunziger, Nuller und Zehner: Fräulein Stulle mag Musik. Und sie singt nicht nur unter der Gemeinschaftsdusche. Folgende „Lieder" zählen zu den Favoriten der ehemaligen DDR-Leicht-athletin und Mauerblümchenball-Gastgeberin (die meisten davon hat sie dort bereits zum Besten gegeben):

01 „LET IT BI (BI BI BI)" von den „Bi-Tel's". Stulles absoluter Partykracher.

02 „TIME GOES BYE" von Madonna. Weil man dazu so schön turnen kann.

03 „BELIEVE" von Cher. Großes Vorbild; den Vocoder hat die Stulle im Blut.

04 „POKERFACE" von Lady Ga Ga. Man kann so schön „Po Po Po Po" singen.

05 „GRACE KELLY" von Mika. Weil Grace Kelly ein großes Idol von Stulle ist.

06 „YOU ARE BEAUTIFUL" von Shakira. Weil sie auch den Hässlichen Mut macht.

07 „WONDERWALL" von Oasis. Vor allem mit Bübchen am Piano ein Genuss.

08 „CAN'T GET YOU OUT OF MY HEAD". Stulle behauptet ja, Kylie Minogue mal am Flughafen getroffen zu haben. Seitdem geht sie ihr angeblich nicht mehr aus dem Kopf. Also die Stulle der Kylie.

09 „GO WEST" von den Pet Shop Boys. Laut Stulle das „Lied ihres Lebens".

10 „DIE GLOCK'N" von Marianne Mendt. Weil man ja auch etwas aus Wien im Repertoire haben muss.

Mauerblümchenball 2008–2010

LIEBE IM TRUCK

KEIN GROSSES DING
UND AUCH NICHT EIN FETTER RING
KEIN CABRIOLET
UND KEIN CHALET

WAS ICH SUCHE, ALLES KLAR,
FIND ICH AUCH IN DER TRUCKER-BAR.
BAUCH REIN, BRUST RAUS, ALLES FEIN:
LIEBE IM TRUCK MUSS HEUTE SEIN

FLIRT HIER, FLIRT DA, ALLE DRAN,
IM SCHUMMERLICHT EIN ECHTER MANN,
VOLLER EINSATZ, KEIN ZURÜCK.

LIEBE IM TRUCK DAS IST MEIN GLÜCK

OH OH BLOSS KEIN BUS.
LIEBE IM TRUCK, DAS IST EIN MUSS

OH OH SIEHST DU NICHT
LIEBE IM TRUCK FÜR MICH?

SPÄTER ABENDS WIRD ES WARM
DRAUSSEN VOR DER TRUCKER-BAR
AUG IN AUG, HAND IN HAND
AN DER LADEFLÄCHEN WAND
ER STEIGT AUS, EIN, ZIEHT SICH AUS,
SAGT MIR ICH SEH SEXY AUS
ER SAGT „LOS", ICH SAG: „YES!"
TÜRE ZU, DENKT EUCH DEN REST.

OH OH, BLOSS KEIN BUS.
LIEBE IM TRUCK, DAS IST EIN MUSS
OH OH, SIEHST DU NICHT
LIEBE IM TRUCK FÜR MICH?
(2x)

(Liebe im Truck / Text: Tomtschek, © 2009)

ORGANISIERE DIR DEINEN GANZ EIGENEN MAUERBLÜMCHENBALL

Mach dich hübsch, kleide dich unscheinbar, wasch dir die Styling-produkte aus dem Haar und singe ein Lied. Wir haben dir schon eines vorbereitet, das du ganz einfach auf die Melodie von „Love is a drug" von Roxy Music (©1975) singen kannst: „Liebe im Truck". Der Text steht rechts.

Pimpin-Heike (l.) und Stulle, 2007

Mauerblümchenball 2010

Mauerblümchenball 2010

Mauerblümchenball 2011

WER NABELT MIT?

**SICH MIT SICH SELBST ZU BESCHÄFTIGEN IST VIELSEITIGER ALS GEDACHT.
AUS NABELLURCH ZUM BEISPIEL KANNST DU ENTZÜCKENDE DINGE FORMEN**

Nabellurch, so nennt man in Wien liebevoll die kleinen Plüschwölkchen, die sich im
Laufe des Tages in deinem Bauchnabel sammeln. T-Shirt, Schlabberpulli, Yoga-Top:
Je nachdem was du trägst, bilden sich aus Fasern, Staub und Hautfett kleine und größere
Klumpen. Farbe und Menge dieses sehr persönlichen Materials variieren also je nach
Träger oder Trägerin. Bei stärkerer Körperbehaarung ist die Ernte besser – Glück gehabt!
Dass aus Nabellurch auch etwas Tolles entstehen kann, zeigt die H.A.P.P.Y-Bastelstube.
Du kannst aus Nabellurch entzückende Dinge formen. In Windeseile hast du ein
persönliches Geschenk. Und du bist einfach wieder mehr mit dir selbst beschäftigt.

Auch eine schöne Idee: Übers Jahr Nabellurch sammeln, die Eigenwolle spinnen und
wieder zum Pullover verarbeiten. Nachhaltiger geht's ja wohl gar nicht!

Abb. 1 / Seine Lieblingssängerinnen zu formen macht großen Spaß.
Hier siehst du übrigens Rihanna (l.) und die Jazz Gitti (r.).

Abb. 2 / Mach dir doch auch gleich deinen neuen besten Freund oder deine neue beste
Freundin aus Nabellurch. Ganz nach deinen eigenen Vorstellungen und Bedürfnissen.
Das Beste: Er oder sie kann weiter in deinem Bauchnabel wohnen.

Abb. 3 / Ein liebes Kuscheltier für unterwegs.
Das kannst du auch in der U-Bahn basteln.

Abb. 4 / Ein Herz aus Nabellurch ist sicher
ein tolles Geschenk für den Lebensmenschen.

Abb. 5 / Ein Panzer aus Nabellurch könnte viele Konflikte lösen. Den kleinen Friedensbringer kannst du in jedes Krisengebiet mitnehmen – bloß nicht in die Badewanne.

Abb. 6 / Wie Freud schon sagte: „Es sind nicht alle Menschen liebenswert." Auch Nabellurch kennt Probleme. Aber keine Angst, im Sesselkreis lässt sich alles lösen ...

Abb. 7 / Keine Friends auf Facebook? Kein Problem, deine neuen Nabellurchfreunde brauchen nur noch lustige Namen und E-Mail-Adressen, so könnt ihr in Kontakt bleiben und posten, was gerade so am Start ist. Schon wieder eine geile Party im Bauchnabel? Like!

Abb. 8 / Ein Pudel aus edlem Nabellurch ist ein ganz besonderer Begleiter und auch ein entzückendes Mitbringsel. Und damit der Kleine nicht so einsam ist, mach ihm doch gleich eine ganze Hunderasselbande. Wuff!

Abb. 9 / Auf Diät? Kein Problem, Nabellurch-Würstel sind fettarm. Aber Vorsicht: 100 Prozent vegan sind sie wohl eher auch nicht. Scharfer Senf, das Gurkerl und ein Brotscherzl dürfen natürlich auch nicht fehlen. Und die Nacht ist gerettet.

MASKE: TOMTSCHEK; ANZUG VON SUPERATED

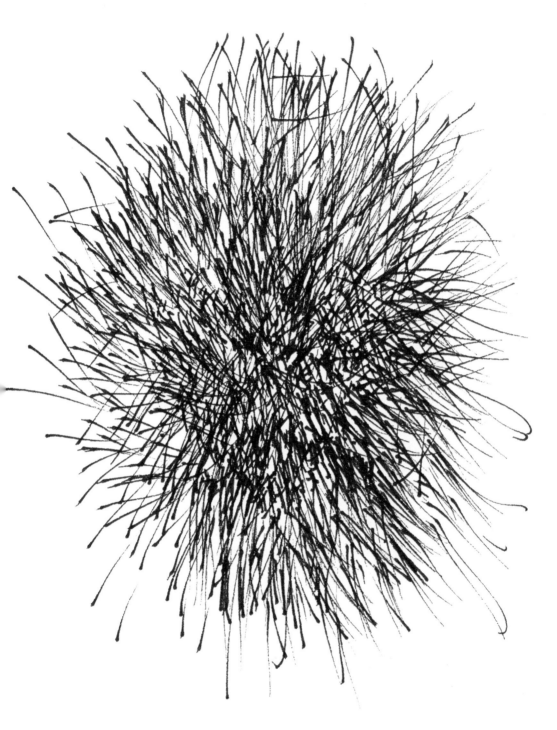

NERVEN WIE
SCHAMHAARE

01

**DU FINDEST, DIESES BUCH IST FÜR'N ARSCH?
RECHT HAST DU!**
Man kann „Hapsi Apsi Pipsi Popsi Yipsi!"
nicht nur lesen oder ankucken –
mit dem Kauf des Buches
hast du auch ein prima
Fitnessgerät gratis dazu
geschenkt bekommen.
**H.A.P.P.Y-COACH GROEG
ZEIGT DIR, WIE'S GEHT:**
Tief in die Knie gehen, das Buch
zwischen die Popobacken schieben
und feste zusammendrücken.
Je länger das Buch nicht zu Boden
fällt, desto stärker bist du.

Funktioniert übrigens auch mit jedem
anderen Gegenstand
Viel Spaß

DIE FETTEN HAARE SIND
VORBEI: H.A.P.P.Y-BUCH
AM PO PO, YEAH! JE LÄNGER
DU ES HALTEN KANNST,
UMSO STÄRKER BIST DU.

**DU WILLST AUCH SO EINEN TOLLEN BODY
HABEN WIE ARNOLD SCHWARZENEGGER
IN DEN ACHTZIGERN ODER
MADONNA IN IHREN SECHZIGERN?
DU HAST NULL BOCK AUF KRAFTTRAINING,
ANNA ODER BOLIKA?**
Nichts leichter als das:
H.A.P.P.Y-Coach Groeg, der in der
Dagmar-Koller-Turnhalle für
das Aufwärm- und
Abkühltraining zuständig
ist, zeigt dir, wie du in
wenigen Sekunden deinen
Traumkörper bekommst.
Alles was du dazu
brauchst, sind 3 Paar
alte Strumpfhosen
von deiner Mutter
(oder deinem Vater),
eine Schere und ein
wenig Watte.
Schneide bei den
Strumpfhosen
einfach die Füße ab
und ein Loch in den
Zwickel – schon
hast du drei Leibchen,
die du nur noch anziehen
musst. Nun stopfe die
Watte an jenen Stellen
unter die Nylons, die du
trainieren möchtest.
Achte dabei auf die
richtige Anatomie. Fertig.

COACH GROEG WEISS, WIE MAN
SICH SCHNELL DEN TRAUMBODY
ZAUBERT: MIT WATTE & NYLONS.

05

KAPITE
MASC

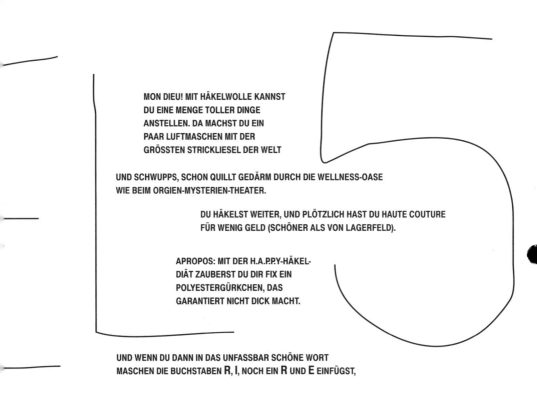

MON DIEU! MIT HÄKELWOLLE KANNST
DU EINE MENGE TOLLER DINGE
ANSTELLEN. DA MACHST DU EIN
PAAR LUFTMASCHEN MIT DER
GRÖSSTEN STRICKLIESEL DER WELT

UND SCHWUPPS, SCHON QUILLT GEDÄRM DURCH DIE WELLNESS-OASE
WIE BEIM ORGIEN-MYSTERIEN-THEATER.

DU HÄKELST WEITER, UND PLÖTZLICH HAST DU HAUTE COUTURE
FÜR WENIG GELD (SCHÖNER ALS VON LAGERFELD).

APROPOS: MIT DER H.A.P.P.Y-HÄKEL-
DIÄT ZAUBERST DU DIR FIX EIN
POLYESTERGÜRKCHEN, DAS
GARANTIERT NICHT DICK MACHT.

UND WENN DU DANN IN DAS UNFASSBAR SCHÖNE WORT
MASCHEN DIE BUCHSTABEN R, I, NOCH EIN R UND E EINFÜGST,

KOMMST DU INS MARSCHIEREN – SO WIE BEI DER REGENBOGENPARADE.
PROBIER'S DOCH EINFACH AUS, DAS ERGEBNIS WIRD DICH UMHAUEN.

IN DIESEM KAPITEL GEHT ES VOR ALLEM UMS HÄKELN,
DAS MUSICAL LAGERHOUSE
UND UMS ALLGEMEINE PARADIEREN.

UNTER ANDEREM.

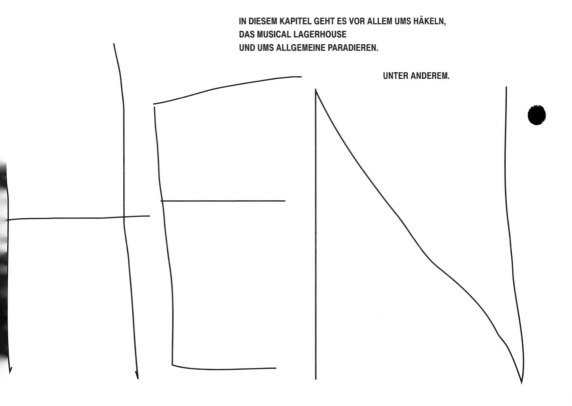

GESTERN IST JA SO LAST SEASON

WIE DER ZWEITE VERSUCH VON H.A.P.P.Y, DAS SCHLECHTESTE MUSICAL DER WELT ZU MACHEN, MIT „LAGERHOUSE" SCHON WIEDER SCHEITERTE

Stricher, Fächer, ein Staraufgebot von Amy Winehouse bis Karl Lagerfeld, von Claudia „Clodia" Schiffer bis Yves Saint Laurent, und eine Story, die mitreißt: Daraus macht man in Happyhausen einen Musical-Bestseller. Die Dagmar-Koller-Turnhalle ist jeden Abend knackevoll, die Leute wollen mehr von „Lagerhouse", und die Liveband Le Gang Surprise muss sogar Zugaben spielen: „Lalalalalager, Lalalagerhouse!" singt das Publikum noch auf dem Nachhauseweg. Singt? Grölt. Krächzt.

Die Geschichte ist schöner als ein Blumenstrauß und rasch erzählt: Die tragische Duttträgerin Winehouse, gejagt von unhöflichen Paparazzi, und der Pariser Modeschöpfer Lagerfeld treffen einander zufällig auf einer Damentoilette und beginnen, sich gegenseitig ihre Lebensgeschichte zu erzählen. Mehr oder weniger ist es ein Wettstreit, wer von beiden das schlimmere Leben hat: der Modezar, zerfressen von Crash-Diäten, das Popsternchen, gezeichnet von Skandalen und Drogensucht. Schauen Sie jetzt nicht so, natürlich geht es um Drogen! Lagerfeld ist Cola-Zero-abhängig und Amy hat Crack. „Zwei Leben zwischen Cola und Crack", ist auch der schmissige Untertitel der Show.

Auf der Flughafentoilette, Amy und Karl jeweils in einer Klokabine.

Amy: Einen Job als Lagerfelds Muse? Was muss man denn da machen?
Karl: Kind, du musst mich bloß inspirieren!
Amy: Hat das etwas mit Sex zu tun?
Karl: Natürlich nicht. Ein Mann über 40, der noch an Sex denkt, ist lächerlich!
Amy: Ich weiß nicht ... (zündet sich eine Zigarette an)
Karl: (hustet) Also mein Leben war sicher viel härter als deins.
Amy: Echt? Erzähl mal!
Karl: Aber nur, wenn du die Zigarette ausmachst. (Amy verdreht die Augen und dämpft die Zigarette an ihrer Backe aus.)
Karl: Ich erzähle dir jetzt meine Lebensgeschichte. Alles begann in Vaters Büchsenmilchfabrik.

Hier im schönen Städtchen Hamburg stand Herrn Lagerfelds Wiege. Und gleich neben der Wiege die strenge Frau Mama, die dem Söhnchen schon sehr früh mehr gute Ratschläge als Mutterliebe mit auf den Weg gab:

WENN DU ERBRICHST,
HALT DEN FÄCHER VOR;
SPRICHST, HALT DEN FÄCHER VOR.
ES SOLL JA NIEMAND ERSCHRECKEN!
DENN WAS MAN VERBERGEN KANN,
GEHT KEINEN MENSCHEN AN. (...)

#23 / DER TRAILER
FÜR DAS MUSICAL

Ausgerechnet auf dem Klo wird dem etwas undynamischen Duo dann klar: Huch, man ist ja seelenverwandt! Kurzerhand kürt Karl der Große Fräulein Winehouse zu seiner neuen Muse. Auch wenn die arme Amy damit nicht so recht etwas anzufangen weiß. Man geht eine entzückende Symbiose ein, erfindet sich neu, das Volk liebt die beiden, zusammen ist man Lagerhouse, doch am Ende schafft der Pöbel die Guillotine herbei. Zuvor jedoch gibt die selige Perlenkettenträgerin Coco Chanel Lagerhouse noch gute Ratschläge aus dem Jenseits:

GREIFE AN DIE KETTE, VERZAG NICHT,
ERTRAGE DIE SCHWERE LAST.
ZIEH DICH EINFACH PERLE FÜR PERLE
FÜR PERLE AUS DEM MORAST.
HAST DU KEINE KETTE, DANN FAHR DURCH
DIE HAARE ZU DIESEM ZWECK.
ZIEH DICH EINFACH STRÄHNE FÜR STRÄHNE
FÜR STRÄHNE RAUS AUS DEM DRECK. (...)
(„Coco's Song")

NICHT IN JEDEM WURM
DA WOHNT EIN APFEL
UND UMGEKEHRT.
NICHT IN JEDEM
SCHLÜSSEL STECKT
EIN SCHLOSS DRIN
UND UMGEKEHRT.
NICHT IN JEDEM HERZEN
KLOPFT EIN BRUSTKORB
UND UMGEKEHRT.
NICHT IN JEDER PERLE
STECKEN MUSCHELN
UND UMGEKEHRT.
NICHT IN JEDEM ANFANG
LIEGT EIN ENDE
UND UMGEKEHRT.

(verworfener Text)

Claudia „Clodia" Schiffer, eiskalt abservierte Ex-Muse (Karl: „Gestern ist ja so last season") erinnert sich an goldene Zeiten:

ICH BIN SEINE SONNE,
SPITZE DER KOLONNE DER MODELLE.
ICH BIN SEINE QUELLE,
SEINE OFFIZIELLE MADEMOISELLE.
SPIEL FÜR IHN BRIGITTE BARDOT.
ER ZIEHT MICH AN,
DAS MACHT IHN FROH. (...)

Doch schon droht drogenbedingt das nächste Blackout bei Amy. „Wo bin ich hier eigentlich?", fragt die Zugedröhnte noch ins Publikum, bevor die Lichter auch im Theater erst einmal ausgehen, die Schatten der Finsternis die Bühne betreten und mit dem Schmähgesang beginnen. Denn Amy …

… WEISS NICHTS VON ÜBERDOSIS
UND HAUTPROBLEM,
VON BABYWUNSCH, LUNGENEMPHYSEM.
WEISS NICHTS VON PLATINALBEN,
VON PRÜGELEIEN,
SONNENBANKSUCHT UND
ARMSCHNITZEREIEN.
WEISS NICHTS VOM TOUR-ABBRUCH
ODER FAKE-BIOGRAFIEN,
HAARAUSFALL ODER EIGENURIN.
SIE HAT EIN BLACKOUT (...)
(„Blackout")

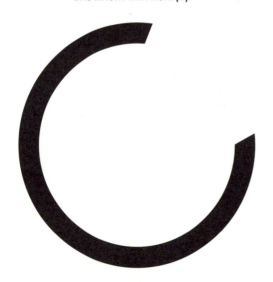

Auch in der schönen Modewelt hängt derweil der Haussegen ziemlich schief. Wie seine Mama ihm einst in Vaters Büchsenmilchfabrik geraten hat, hält sich Karl Lagerfeld an seinem Fächer fest. Hauptkonkurrent Yves Saint Laurent hingegen hält sich an Strichern fest. Auf offener Szene entspinnt sich ein dramatischer Wettkampf Stricher gegen Fächer.

Auch auf den Catwalks gehen die Uhren anders. Nicht nur die Vorführdamen werden immer dünner, auch unser lieber Freund Karl ist bald nur noch ein Strich in der Modelandschaft. Die Magermodels verraten ihr Geheimnis:

**WATTEBÄUSCHCHEN SIND MEIN SCHNITZEL.
ESS KEIN EIS UND KEIN STANITZEL.
HAUT UND KNOCHEN SIND SO SEXY.
KEIN GRAMM FETT DANK ANOREXIE.
NOCH EIN TIC-TAC VOR DEM ENDE,
MAGERMODELS SIND LEGENDE. (...)**
(*„Zu fett" – für Hila Elmalich,
Ana Carolina Reston und Eliana Ramos)*

Stricher: **FÄCHER!**
Fächer: **STRICHER!
KLEIDEN SICH ZU KNAPP!**
Stricher: **KENNEN JEDE STELLUNG
UND IHR KÖNNT NUR AUF UND AB!**
Fächer: **STRICHER**
Stricher: **FÄCHER!
FÜR HEISSE LUFT GEBOREN!**
Fächer: **LIEBE AUF BESTELLUNG –
VON HINTEN UND VON VORN! (...)**

#24 / WER TANZEN
WILL, MUSS ARTIG
SEIN – UND ÜBEN

#25 / SÜSSE BABY-
MÄUSE, AUCH OHNE
LUPE SICHTBAR

Und unsere arme, arme Amy? Hat von ihrem
Ex-Lover Pete zwei superniedliche Babymäuse geschenkt bekommen, die nun beide
einen eindrücklichen Appell an den Popstar
richten:

**WENN ES UM LIEBE GEHT
DRÜCK DICH GANZ KLAR AUS.
UND DAMIT MAN VERSTEHT,
SCHICK DIE BABYMAUS. (...)**
(„Babymaus")

140

Amys Daddy derweil, mittelloser Taxi-
chauffeur, probiert es mit einem anderen
Appell und lockt sein Kind mit Hausmanns-
kost und Vaterliebe. „Komm heim, Amy",
schmettert er und:

**BIST JA NUR NOCH HAUT UND KNOCHEN,
WOHL EIN POPSTAR, ABER KEIN SUPERHELD.
KOMM DOCH ENDLICH HEIMGEKROCHEN
WEIL DOCH DIE FAMILIE ZUSAMMENHÄLT. (...)**
(„Der Brief")

Trotzdem versinken Karl und Amy immer
tiefer im Sumpf aus kalorienarmem
Cola & kalorienfreiem Crack:

Lagerfeld:
**MEIN FREUND, DER HEISST COLA ZERO,
TRINK ES FAST INTRAVENÖS**
Amy:
**L.S.D., DAS IST MEIN HERO,
FÜHL MICH DABEI FABULÖS. (...)**
(„Cola & Crack")

Ein Sumpf, aus dem sich das Duo dank Cocos Rat schließlich doch noch ziehen kann. Die erste Euphorie kippt jedoch rasch in Verachtung fürs Establishment. Karl und Amy singen frech:

NIE WIEDER GELD UND KEINE BÜHNENSHOW.
DIE GANZE WELT IST UNTERSTES NIVEAU.
JETZT SIND WIR ZWEI DIE TOPSENSATION.
DER LETZTE SCHREI DER EVOLUTION.

WIR SIND DER GLANZ DAS ZENTRUM
UND DAS LICHT.
MUSCHI UND SCHWANZ
DIE INTRESSIERN UNS NICHT.
DER NEUE STYLE DER IST REVOLUTION.
WIR SIND SCHON GEIL AUF DIE EXEKUTION.

Tja, die beiden haben's ja nicht anders gewollt. Das blutrünstige Volk schafft schließlich die Guillotine herbei, ach herrje.

Karl & Amy (gemeinsam):
DANN SOLLEN SIE DOCH KUCHEN ESSEN!

ENDE
****

Und was meint die internationale Presse zu „Lagerhouse"? *Der Standard* schrieb nach der Uraufführung im Mai 2008 beim Donaufestival in Krems:

„Brutal gesagt: In ihrem Bestreben, einen derartigen Schrott zu produzieren, sind H.A.P.P.Y restlos gescheitert. Das liegt einerseits daran, dass man sich grundsätzlich nur erfolgreich über Dinge lustig machen kann, die einem nahestehen. Andererseits wirken bei tatsächlichen heimischen Musical-Profis die Choreografien auch nicht plausibler."

Verdammt, schon wieder nicht geschafft, das schlechteste Musical der Welt zu machen. **TROTZDEM: CHAPEAU!**

#26 / SO WAR DAS DONAUFESTIVAL IN KREMS (SEITENHIEB)

FOTOS: MARKUS RÖSSLE
OBJEKTE: ENTWORFEN/GEHÄKELT VON
TOMTSCHEK, 2008 FÜR DAS MUSICAL „LAGERHOUSE"
2 REPLICA 2013 VON PARSIA /
HAARE/MAKE-UP: KRISTIN / MODELS: ALEXANDER,
STEFAN, MATTEO, WOLFGANG, ANDREAS, JOX /
LOCATION: „IF DOGS RUN FREE"

„SEXUALITÄT IST
HEUTE NUR NOCH
EINE SPORTART."
(KARL LAGERFELD)

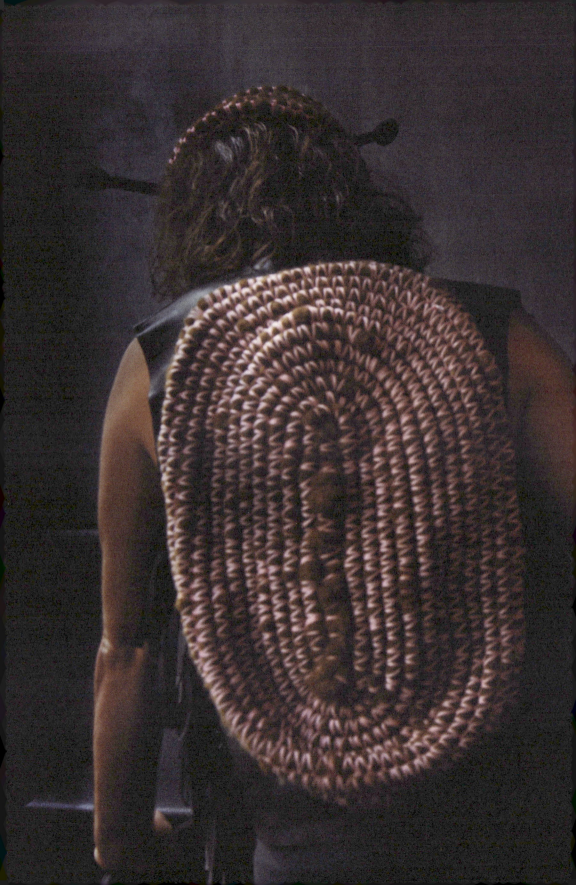

„ICH HABE KEINERLEI BEZIEHUNG ZU DINGEN,
MIT DENEN ICH NICHTS ZU TUN HABE."
(KARL LAGERFELD)

„EHRLICH GESAGT ARBEITE ICH
NUR MIT MIR SELBST ZUSAMMEN."
(KARL LAGERFELD)

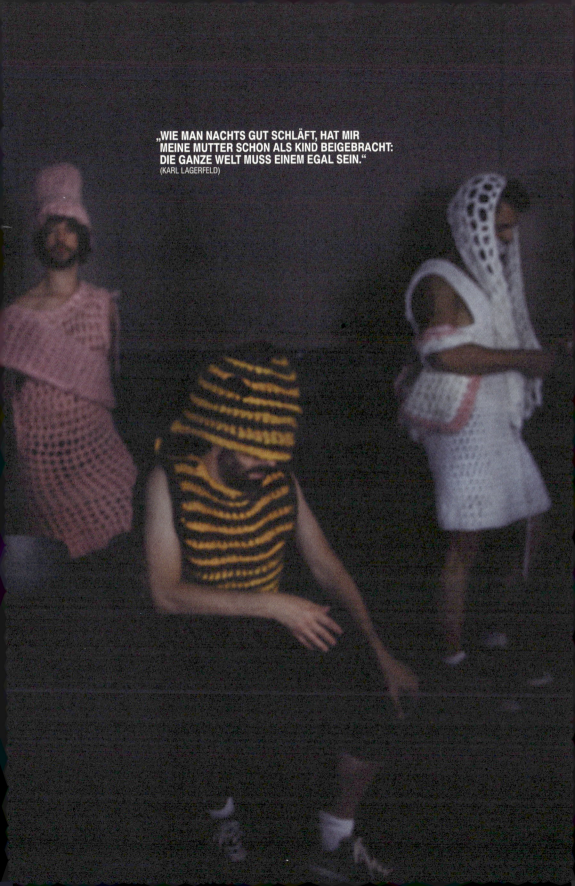

„WIE MAN NACHTS GUT SCHLÄFT, HAT MIR
MEINE MUTTER SCHON ALS KIND BEIGEBRACHT:
DIE GANZE WELT MUSS EINEM EGAL SEIN."
(KARL LAGERFELD)

„WER EINE JOGGINGHOSE TRÄGT, HAT DIE KONTROLLE ÜBER SEIN LEBEN VERLOREN."
(KARL LAGERFELD)

„KINDER REDEN DOCH IMMER STUSS.
DESHALB HASSTE ICH ALS KIND ANDERE KINDER."
(KARL LAGERFELD)

„ICH INTERESSIERE MICH NUR
FÜR MICH SELBST UND
MEIN SPIEGELBILD."
(KARL LAGERFELD)

„ES GIBT AUCH MENSCHEN, DIE LEGEN SICH AN DEN STRAND UND WARTEN DORT, DASS DIE INSPIRATION ZU IHNEN KOMMT. NUR KOMMT DIE INSPIRATION NICHT EINFACH AN DEN STRAND."
(KARL LAGERFELD)

WURST

PENIS

GURKE

BABYMAUS

#27 / SCHAU SIE DIR AN, SIND SIE NICHT LIEB?

#28 / SAUBER, SAUBER: ALLES WIRD CLEAN

ILLUSTRATION: MATTHIAS MOSER

SEIT 1996 GIBT ES DIE REGENBOGENPARADE (SO HEISST IN WIEN DER CSD), UND H.A.P.P.Y WAR VON ANFANG AN DABEI. Stolz rollte die Rote Hete mit dem Verein zur Förderung der Akzeptanz Heterosexueller bei der ersten Parade über den Ring. Ebenso stolz waren die Pfadies von den drahtigen Küken oder die fiesen Fäkalisten aus Oberdöbling. Böse Rangeleien gab es, als 2012 die Parole hieß „Occugay Ringstraße" – nicht alle wollten die Straße teilen. „Geht's zurück nach Happyhausen", riefen die Leute, gemein! Da waren Satan's schwule Töchter im Jahr drauf schon beliebter; auch Homos mögen Heavy Metal. „Herzig", rief eine bezahlte Statistin am Straßenrand. Und machte die typische Geste mit der Hand, die in manchen Gegenden bedeutet: „Dein Vater ist eine Hure!"

2009
VERBINDUNG SCHLAGENDER
HOMO-BURSCHENSCHAFTEN:
VAGINALIA, RECTALIA, FISTINIA,
SCROTUMIA, FÄKALIA, ANALIA,
CLITORIA, POLYMPIA, SPERMANIA ...

Tuntonia

DARKROOM STATT BRAUCHTUM

Hodenia
Menstruieren
statt
Mensurieren

Vaginalia
Zungenkuss
statt
Hitlergruß

Burschenschaft Clitoria
Wir wollen
auch unsern
Arsch im Parlament

Busenschaft Wixia
soziale Wärme
statt Arschkälte

Fistinia
Morgenlatte
statt
Abendland

2007
DIE JUNGE OVP INNERE STADT
(OHNE Ö-STRICHER!)

2008
TUNTENHAUSEN LIEST KRÖNCHENZEITUNG
„DIE KRÖNE FORDERT" IRGENDWAS

Hast du heute schon geküsst?

Trägst du saubere Unterhosen?

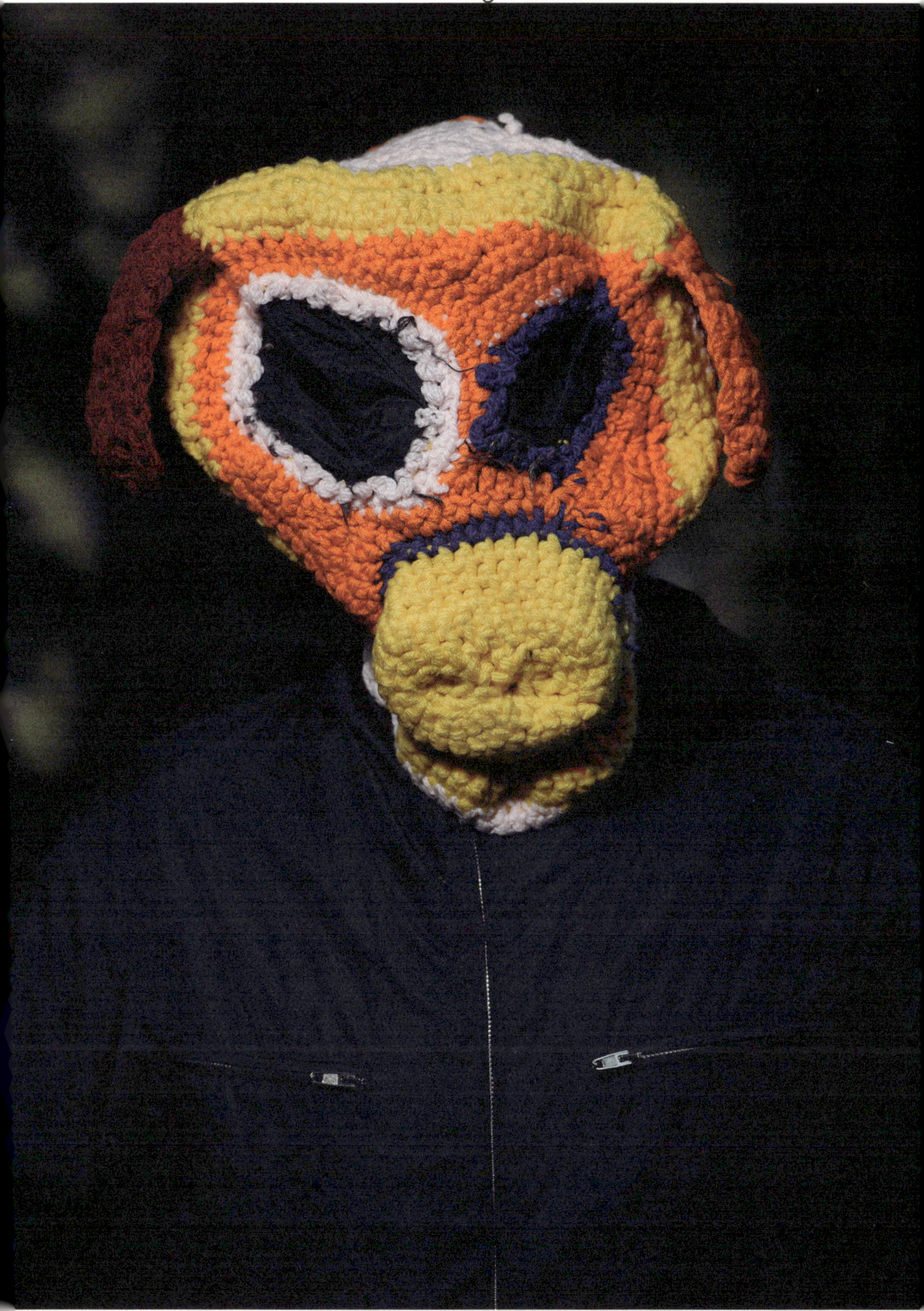

Hast du manchmal Sex im Büro?

Musstest du schon einmal beim Sex furzen?

Bist du ein Duschpinkler?

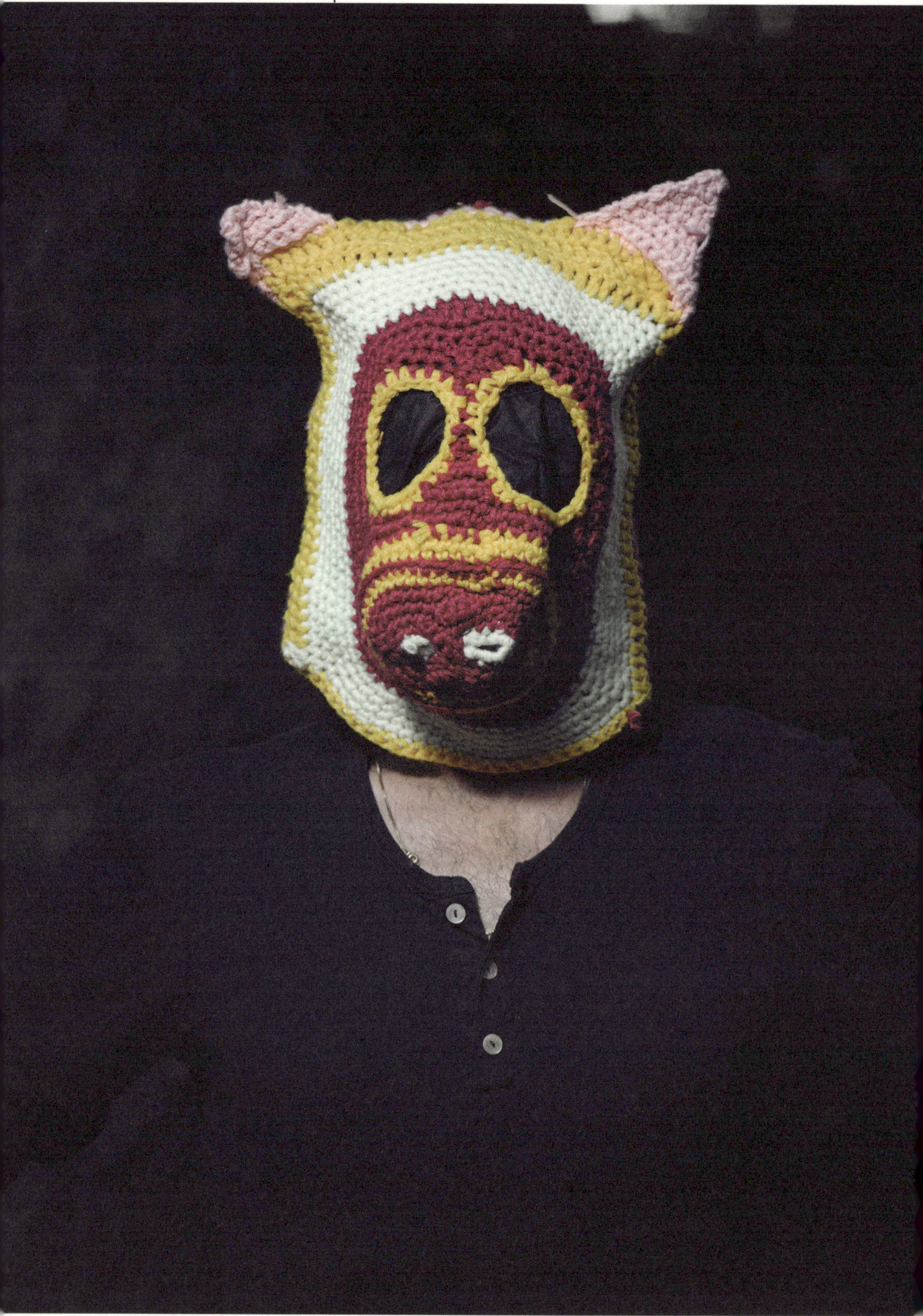

Hast du heute schon gelogen?

Ziehst du heimlich die Kleider deiner Mutter an?

Hast du schon mal einen Pickel gegessen?

VOR LUFTMATRATZEN, KAT-
ZEN, NAGETIEREN ODER
VIREN: MENSCHEN HABEN
OFT VOR DEN SELTSAMSTEN
DINGEN ANGST; SOGAR DIE
ANGST VOR FLECKEN
IM NEUEN KLEID ODER GE-
HEIMRATSECKEN
IST IN MANCHEN
KULTURKREISEN
SEHR POPULÄR.

„WENN EINER
KEINE ANGST HAT,
HAT ER KEINE
PHANTASIE",
MEINTE DER
DICHTER
ERICH KÄSTNER.

UND WAS HILFT?

DIE STEUERERKLÄRUNG
MACHEN UND SICH –
TROTZ ANGST – IN DEN
SATTEL SCHWINGEN
WIE DER SCHAUSPIELER
JOHN WAYNE.

„ES ERFORDERT GEWALTIGEN MUT,
SICH VOR BANALEN DINGEN ZU FÜRCHTEN",
FINDET HERR TOMTSCHEK.

IN DIESEM KAPITEL GEHT
ES UM DEN H.O.R.R.O.R. –
DEN ALLTÄGLICHEN, DEN
IM THEATER, DEN VOR
MONSTERN UNTERM
BETT ODER VOR VIELEN
SACHEN IM INTERNET.
IN DIESEM SINNE:
„LASCIATE OGNI SPERANZA,
VOI CH'ENTRATE"*

UND: HAB KEINE ANGST!

* „LASST, DIE IHR EINTRETET, ALLE HOFFNUNG FAHREN"
(DANTE: DIE GÖTTLICHE KOMÖDIE, INFERNO III, 9)

ICH HABE ANGST DAVOR, EINE
SEITE AUS EINEM BUCH ZU REISSEN

Inkonti

ANGST, DASS MEIN

FRAUEN

Gewitter

Ein Horr

Ich hab echt Angst vor den Praterdo

ANGST VOR ÜBERWACHUNG ANGST VOR DÜNNSCHISS IM U

ANGST VOR KÖRPERBEHAARUNG

H

Tiere Ich habe Große Angst

in Menschenscheiße zu

ANGST, DASS MI

LIEBE MACHOS!

IC

HORROR VOR KINDERN

PANIK VOR NADEL

Kunst ÖSTERREICH ha

HORROR VOR DEM SCHLECHTEN LICH

ANGST VOR ELEKTROSTATISCHER AUFLA

PANIK

Angst vor Stringtanga

HABE ANGST VOR ANGESOFFENEN FRAUEN ICH HABE EINE

ANGST VOR ANGST N

ESOTERIK Große

ICH HABE ANGST VOR NACKTER HAUT
IN ÖFFENTLICHEN VERKEHRSMITTELN

WGs Ang

ANGST DAVOR, DASS DER REGEN NIE WIEDER AUFHÖRT ich

magnetfelder Horror vor H

Büroarbeit KÜHE m

ANGST

ANGST VOR POWERPOINTPRÄSENT

ANGST VOR ERDNUSSBUTTER AM GAUMEN HORROR VOR

Angst, dass meine Spandexhose platzt Ich

ANGST VOR DRUCK

Angst vor Za

narzissen sind ein ho

Angst, dass ich im Theater sitze und ein Mikrofo

PICKEL ICH HAB EINEN VOLL

ANGST VOR DE

Angst davor, mich vom Pannenstreifen nicht mehr auf die e

HUNDE Speibe auf der S

DIESE SEITE WURDE TROTZ GROSSER
ANGST VOR HERAUSGERISSENEN SEITEN
EXTRA FÜR DICH AUS DIESEM BUCH
HERAUSGERISSEN. SIE DIENT NUN ALS
LESEZEICHEN. IST DAS NICHT ENTZÜCKEND?

181

gion Tierhortung

NACKTSCHNECKEN

... IM THEATER IN DER ERSTEN REIHE ZU SITZEN
UND DAS MIKROFON HINGEHALTEN ZU BEKOMMEN

RICHTIG HORROR VORM MUSIKANTENSTADL!

ANGST VOR ACHSELSCHWEISS ich fürchte mich, die Treppen runterzugehen

e Verkehrsmittel Angst vor Heuschrecken

HABE ANGST VOR BERLIN PILZEN

INDTEXT VOR „SEX AND THE CITY" Mütter

IR GRAUT VOR KOT

Angst vor Interaktion milchhaut!

or Insekten in der Unterhose ICH HABE ANGST VOR STINKENDEN FUSSBALLERN

strichcodes mein horror sind haare in der dusche

AKEN Ich habe Angst vor zero friends auf facebook

ICH FÜRCHTE MICH VOR GODZILLA

ICH FÜRCHTE MICH VOR KRIMSKRAMSKISTEN

or Ameisen

KRAUTFLECKERL SEKTKORKEN, EIN HORROR!

gehängt zu werden

E HÄNDE WASCHEN KANN ANGST VOR UNGEPFLEGTEN FÜSSEN IN SANDALEN

ÄTZCHEN

KEN LUFTBALLONS ANGST VOR BESESSENHEIT

ST VOR DEM NÄCHSTEN TAG KÄSE

HAB ANGST VOR BUCHMESSEN

ZWIEBELN ich kann kein gelb sehen
U-Bahn

Ich habe Angst vor meiner Ehefrau

ehen PUDEL QR-Codes

NGEWACHSENEN ZEHENNÄGELN HAIEN Fleisch

OR KINDERCHÖREN MIT BLOCKFLÖTE

eiten ANGST ZU SPÄT ZU KOMMEN ICH HABE ANGST VOR RELIGIÖSEM FANATISMUS

EIN GROSSES HAARIGES MONSTER UNTER MEINEM BETT WOHNT ANGST VOR DER ÖLPEST

Horror vor Straßenbefragungen

wns NACKTSCHNECKEN

heater ANGST VOR PUBLIKUM ZU MUSIZIEREN

ONNE hab Angst vor Ameisen

EM PAPRIKA Habe einen Horror vor nassen Unterhosen

mme

KEN INSEKTEN! Angst vorm Abstürzen

OD

HORROR, DASS DIE WOHNUNG PLÖTZLICH SO SAUBER IST, DASS ES NICHTS MEHR ZU PUTZEN GIBT

EIT blutschwänze

Angst vor Zehenkrampf

WIE H.A.P.P.Y (SICH) AUSZOG, UM DAS FÜRCHTEN ZU LEHREN

DAS IST DER H.O.R.R.O.R.: EIN CLOWNWORKSHOP AM FKK-CAMPINGPLATZ

Vor einem Theaterbesuch muss man keine Angst haben. Muss man nicht? Außer es gibt Clowns, Nackte und Publikumsbeteiligung. Das sind die Komponenten, mit denen man den Zuschauern gehörig Angst einjagen kann. Wir bräuchten jetzt bitte, sagen die reizenden Moderatorinnen, die das Publikum durch den Abend geleiten, einen Freiwilligen. Wer sich meldet, kommt natürlich nicht dran. Wer ganz tief in seinem Sitz versinkt, ist der ideale Kandidat. Wie ist dein Name, schön, dass du mitmachen magst.

H.O.R.R.O.R.

Und schon wird der Ärmste auf die Bühne gezerrt, um dort den Rest des Theaterabends in einem Campingzelt zu verbringen (eineinhalb Stunden später hat er seinen großen Auftritt). Die Personen in der ersten Reihe mögen bitte die Plastikumhänge anziehen, die man ihnen ausgehändigt hat – zum Schutz der Kleidung, wir haben sämtliche Ausgänge verschlossen, es gibt keine Pause. Und wer hat da schon wieder vergessen, sein Mobiltelefon auszuschalten? Bitte mal einen Scheinwerfer dort hin zu richten, wo es bimmelt, Danke schön. Willkommen auf dem FKK-Campingplatz, willkommen bei einem Abend voll unangenehmer Geschichten und einer kleinen Horrorshow. Fühlen Sie sich niemals sicher. Wir kriegen Sie noch.

„H.O.R.R.O.R CLOWNWORKSHOP AM FKK-CAMPINGPLATZ" von und mit Armin Autz, Martina Frühwirth, Alexander Gostoso Hartmann, Stephan Haupt, Margo MissGit, Tomtschek, Thorwald van Brock, René Ziegler; Musik: Werner Leiner (& Rupie Derschmidt); Licht: Maeks; Ausstattung: Parsia Kananian & H.A.P.P.Y. / © Juni 2010

LOWNWORKSHOP
— AM FKK-
CAMPINGPLATZ

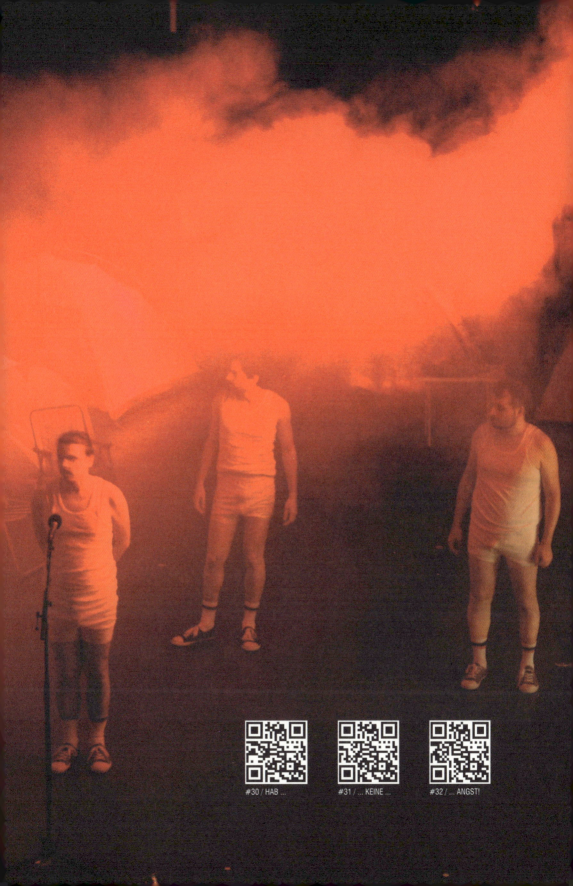

#30 / HAB ...   #31 / ... KEINE ...   #32 / ... ANGST!

mümmele im stau

Ich erinnere mich noch genau, es war am Ferienbeginn, ich war wie jedes Jahr mit meiner Mutter am ersten Tag der großen Ferien mit dem Auto unterwegs an den Chiemsee. Das Auto war vollgepackt für einen schönen Sommerurlaub. Mit dabei war auch mein Hase Mümmele, der kam immer mit.

Anfangs machte mir die Fahrt trotz Stau großen Spaß. Ich durfte ja vorne sitzen, weil ich endlich groß genug war. Hinten der Hase raschelte in seinem Sägemehl, und manchmal klopfte er an den Käfiggittern. So ging das dahin. Eigentlich ging gar nichts dahin, weil wir standen im Stau. Wir sind zwar früh losgefahren, landeten trotzdem im Stau auf der A8.

Mami hat für uns immer Proviant eingepackt, sie verlor ungern Zeit mit Stopps bei Raststätten. Die Apfelschorle war so lecker, zu Hause gab's ja immer nur Leitungswasser. Darum habe ich die Schorle schnell ausgetrunken. Das hätte ich nicht machen sollen. Ich weiß nicht, war es der Sicherheitsgurt oder meine kleine Bubenblase? Nicht viel später und

ich musste dringend Pipi. Aber wir standen ja im Stau und der nächste Rastplatz mit Toiletten war so weit weg. Mit einer Grimasse versuchte ich durchzuhalten. Irgendwann ging das dann aber nicht mehr, ich musste ja so dringend Pipi. Ich wollte aussteigen, wir waren ja im Stau. Ich hätte schnell irgendwo hinpinkeln können. Das hat mir meine Mutter aber verboten. Ich weiß nicht, hat sie sich nur geschämt?

Oder hatte sie Sorge, dass das zu gefährlich wäre? Auf jeden Fall machte sie mir deutlich, dass das nicht ginge, und öffnete statt der Beifahrertüre nur die Klappe zum Handschuhfach. Dort lag neben Straßenkarten und einem Eis-Kratzer die Ricola-Dose. Sie wissen schon, die Schweizer Kräuterzuckerl.

Mutter sagte: „Nimm die Ricola-Dose. Wenn, dann ist höchstens noch ein Bonbon drin, das nimm in den Mund und in die leere Dose tust du reinpinkeln."

Ich war ja immer brav und widersprach nur sehr selten. Die Dose war im Grunde genommen gar keine Dose, also nicht so eine Dose, wie man sich eine Dose vorstellt, nämlich aus Metall. Diese Dose war aus Karton, ein gewickelter, geklebter, fester Karton, mit Metallboden und Plastikdeckel. Es war

Erlebt von Christopher,
erzählt von Martina

mir schrecklich peinlich. Letztlich war meine Erleichterung enorm.

Na ja, aber die feste Dose war gar nicht fest. Die Dose war erst halb voll, ich hielt sie in meinen Händen, da merkte ich, dass der Karton sich vom Urin aufweichte. Die weiche lauwarme Dose in meinen Händen haltend begann ich zu verzweifeln.

Meine Mutter merkte, dass was nicht stimmte. Da drehte sie sich um zum Hasen in seinem Stroh und blickte mich an, dann wieder auf den Strohhaufen im Käfig. Ich dachte nur: „Nein, das darf jetzt nicht wahr sein!". Unser Citroen war ein Neuwagen. Auf keinen Fall durfte was aus der Dose auf dem Boden oder auf dem Sitz im Auto landen. Ich schlängelte mich zwischen dem Fahrersitz und dem Beifahrersitz nach hinten zum Hasenkäfig. Mümmele blickte mich mit seinen roten Albinoaugen an und hoffte wohl auf ein Möhrchen. Ich murmelte nur „Es tut mir so leid, es tut mir leid ..." und kippte den

Urin in den Käfig. In der Sekunde hat sich die Autokolonne in Bewegung gesetzt und das Auto machte einen Ruck. Mutti war noch nicht sehr vertraut mit der Kupplung. Ein Teil des Urins spritzte auf den Rücken von Mümmele. Während ich so verkrampft hinten kniete, merkte ich, dass sich wieder ein Harndrang einstellte. Viel schlimmer konnte dieser Moment nicht mehr werden. Ich drehte mich so gut es ging zum Käfig hin und pinkelte direkt in die Streu. Dabei musste ich den Kopf ziemlich verbiegen, weil so hoch war das Auto ja auch nicht.

Ich fühlte mich elend und machte den Zippverschluss meiner Hose wieder zu. Ich bin mir nicht mehr sicher, aber ich glaube, ich war ganz knapp daran zu heulen. Als ich bei der Heckscheibe hinausblickte, sah ich in die geweiteten Augen der Insassen vom Auto hinter uns, wie sie auf mich starrten. Ein Horror!

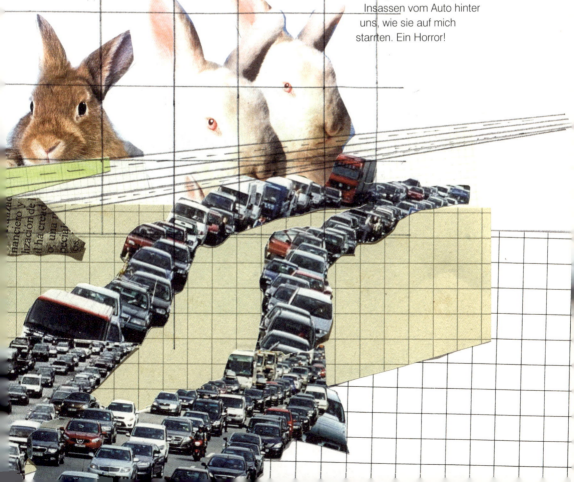

*Erlebt von Armin,
erzählt von Margit*

flugzeughor

Ich befinde mich an Bord eines Flugzeugs von Wien nach New York. Eben habe ich meinen Sitzplatz gefunden, Fenster natürlich, alles bestens. Relaxt richte ich mich ein – das wird ein gemütlicher Flug, ein paar Drinks, ein cooler Film, und dann: entspannt schlafen. Und wenn ich die Augen wieder aufschlage: hello big apple!
Inmitten meines Schwelgens in größter Zufriedenheit erspähe ich im Gang eine junge Frau mit einem Baby auf dem Arm. Bitte nicht! Bei meinem Glück sitzt die sicher genau vor mir mit ihrem schreienden kleinen Monster. Aber – Glück gehabt! Sie geht vorbei, um sich genau hinter mich zu setzen. Verdammt!

Zuversicht, Zuversicht – vielleicht ist es ja ein schlaffreudiges Kind. Den ganzen Flug nerviges Geheule hinter mir kann ich nun echt nicht gebrauchen. Und es geht schon los: leises Gejammer und Gebrabbel. An Schlaf wird nicht zu denken sein! Meine Laune ist im Keller. Da helfen nun auch die nach dem Start von den äußerst attraktiven Flugbegleiterinnen servierten Drinks nichts. Übellaunig stopfe ich mir Kugeln aus Taschentuchfusseln ins Ohr und krame meine Nackenstütze hervor. Mit aufgesetzter Schlafbrille und überge-

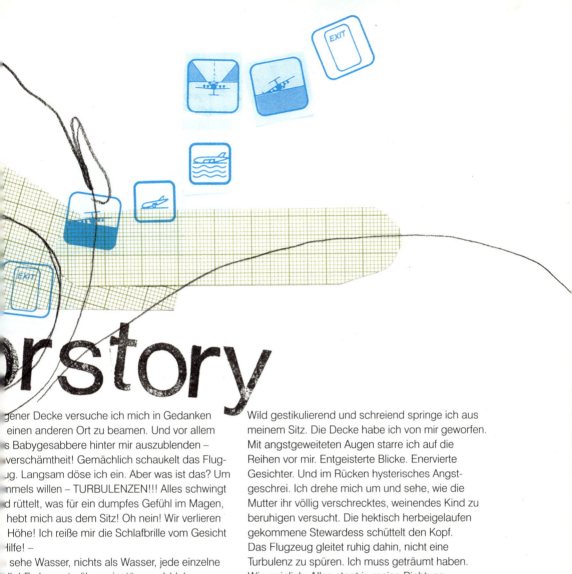

...rstory

...gener Decke versuche ich mich in Gedanken ...einen anderen Ort zu beamen. Und vor allem ...s Babygesabbere hinter mir auszublenden – ...verschämtheit! Gemächlich schaukelt das Flug-...ug. Langsam döse ich ein. Aber was ist das? Um ...mmels willen – TURBULENZEN!!! Alles schwingt ...d rüttelt, was für ein dumpfes Gefühl im Magen, ...hebt mich aus dem Sitz! Oh nein! Wir verlieren ...Höhe! Ich reiße mir die Schlafbrille vom Gesicht ...lilfe! –

...sehe Wasser, nichts als Wasser, jede einzelne ...lle! Es kommt näher, wir stürzen ab! Ich muss ...us hier – lasst mich raus!! Ahhhhh!

Wild gestikulierend und schreiend springe ich aus meinem Sitz. Die Decke habe ich von mir geworfen. Mit angstgeweiteten Augen starre ich auf die Reihen vor mir. Entgeisterte Blicke. Enervierte Gesichter. Und im Rücken hysterisches Angst-geschrei. Ich drehe mich um und sehe, wie die Mutter ihr völlig verschrecktes, weinendes Kind zu beruhigen versucht. Die hektisch herbeigelaufen gekommene Stewardess schüttelt den Kopf. Das Flugzeug gleitet ruhig dahin, nicht eine Turbulenz zu spüren. Ich muss geträumt haben. Wie peinlich. Alles starrt in meine Richtung. Und das Kind ist nicht mehr zu beruhigen.

Erlebt von Alexander,
erzählt von Christopher

Als ich noch studiert habe, arbeitete ich samstags bei H&M. Nach Feierabend rief die Margit an, ob wir nicht noch mit Nicki Pilze essen sollen. Ich sagte zu, obwohl ich schon ein mulmiges Gefühl hatte. Es war ein langer Tag, und ich war müde. Trotzdem fuhren wir mit Nickis Auto raus zum Maurer Wald. Wir saßen in der Abendsonne. Nicki hatte die Pilze dabei. Also keine Speisepilze, sondern so psychedelisches Zeug: kleine vertrocknete, unappetitliche Schwammerl, die muffig rochen.

Mehr oder weniger lustlos kauten wir darauf herum. Man muss sehr gut kauen, wegen der Wirkung. Ich erinnere mich, dass sie nach nichts, auf jeden Fall nicht besonders gut schmeckten. Keiner von uns spürte etwas. Als es dunkel wurde, machten wir uns auf den Heimweg. Nicki setzte mich zu Hause ab. Ich schloss die Türe auf. Vater und Mutter saßen im Wohnzimmer und schauten „Wetten, dass ...?" Hallo Mama, hallo Papa, ich geh dann mal auf mein Zimmer. Im Flur war das Licht heller als sonst. Haben die hier Flutlicht installiert? Ich ging auf mein Zimmer, und plötzlich drehte sich alles. Spät, aber doch machten sich die Pilze bemerkbar. Ich bekam es mit der Angst zu tun. Schnell zog ich mich aus, legte mich im Pyjama auf mein Bett und halluzinierte. Die Wände bewegten sich, mir wurde schlecht, in meinem Magen grummelte es. Das Karomuster der Tapete kam auf mich zu. Ich rannte aufs Klo, setzte mich. Dazu muss man wissen, dass die Toilette in meinem Elternhaus ein langer Schlauch ist. Auf der Türe ist ein riesiger Spiegel. Wenn man auf der Schüssel sitzt, sieht man sich sitzen. Aber diesmal sah ich mich nicht selbst. Ich sah einen Dämon: LARASCH. Und dieser Larasch griff immerzu in die Klomuschel rein. Was sucht der da? Was macht der denn da? Plötzlich war Larasch weg.

Ich bin zurück in mein Bett. Alles war wieder ganz klar. Mir wurde bewusst: Du wirst gerade wahnsinnig. Ich lag schwitzend wach. Schließlich weckte ich meine Eltern. Ich stand in deren Schlafzimmer und wimmerte: „Mama, Papa, ich werde wahnsinnig. Bringt mich auf die Baumgartner Höhe." Dann fiel ich in Ohnmacht. Aufgewacht bin ich nicht in der Psychiatrie, sondern in meinem Bett. Mannomann, hab ich gedacht, ein weiterer unmöglicher Auftritt vor meinen Eltern.

*Erlebt von Margit,
erzählt von René*

der schulball

Ich glaube, ich war sechzehn, und da gab es diesen unglaublich süßen Typ, Axel, einen Freund von meiner Schwester. Er war schon viel älter als ich, etwa 23, und ich hab es tatsächlich geschafft, dass er mich zu meinem ersten Schulball begleitet. Zuvor war ich mit meinen Eltern beim Rieger Ballkleid kaufen – da haben damals die coolen Leute eingekauft, noch bevor es H&M gab. Die Martl hab ich auch überredet, mitzukommen. Ihr habe ich ein Kleid von mir geborgt, weil sie selber keines hatte und niemals eines gekauft hätte für diesen Abend.

Dann kam der große Ball. Ich hatte schon den ganzen Tag nichts gegessen, um einen schönen flachen Bauch in diesem tollen, neuen Kleid zu haben. In meine Handtasche steckte ich noch so kleine Schnapsfläschchen von der Supermarktkassa, damit ich etwas hatte zum Lockerwerden – ich war echt wahnsinnig aufgeregt wegen des Dates.

Als Axel und ich im Palais Auersperg angekommen waren, ist er sofort zu seinen Freunden verschwunden, und so bin ich zu Martl und anderen Freunden gegangen. Wir standen an hohen Kaffeehaustischen auf der Terrasse, und ich war zu diesem Zeitpunkt schon komplett betrunken, weil ich auf der Hinfahrt alle diese Schnapsfläschchen ausgetrunken hatte. Mir war schon total übel, und auf einmal hat irgendjemand eine Runde Tequila gebracht. „Na gut", habe ich gedacht und das Zeug getrunken, und dann war's vorbei.

Ich glaubte aus irgendeinem Grund, ich könnte das kleine Glas vor mir verwenden, um den Tequila wieder loszuwerden, und kotzte in das Glas und über das Glas auf den ganzen Tisch. Die Leute rundherum schien das aber nicht zu stören; sie gingen alle einen Schritt zurück und unterhielten sich weiter. Die Kotze rann über die Marmorplatte auf den Boden und auf mein Ballkleid.

Irgendwer musste Axel Bescheid gegeben haben, dass es mir nicht gut ginge, denn auf einmal kam er von hinten auf mich zu und umarmte mich, um mich zu trösten. Dabei konnte er nicht sehen, wie ich mich zugerichtet hatte, und griff voll in mein angekotztes Kleid. Es schien ihn aber nicht zu stören, und er ging sogar noch mit mir auf die Toilette, damit ich weiterkotzen konnte. Dabei ist mir auch noch meine Halskette ins Klo gefallen.

Danach hat er ein Taxi gerufen, und Martl hat mich nach Hause gebracht. Auf der Fahrt hab ich meinen Kopf in Martls Schoß gelegt und dabei in ihr Kleid gekotzt, das ja eigentlich mein Kleid war. Schrecklich! Ich habe es an diesem Abend tatsächlich geschafft, gleich in zwei meiner Ballkleider zu kotzen.

Am nächsten Tag hat mir Axel meine Halskette vorbeigebracht – danach habe ich nie wieder etwas von ihm gehört.

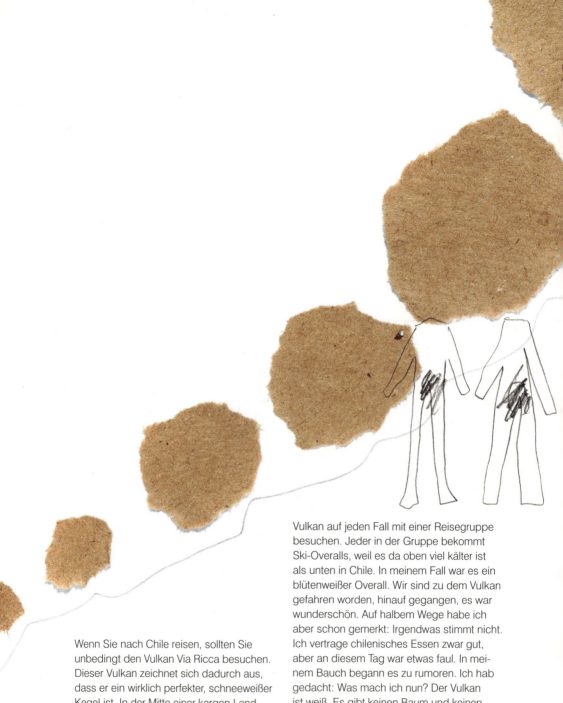

Vulkan auf jeden Fall mit einer Reisegruppe besuchen. Jeder in der Gruppe bekommt Ski-Overalls, weil es da oben viel kälter ist als unten in Chile. In meinem Fall war es ein blütenweißer Overall. Wir sind zu dem Vulkan gefahren worden, hinauf gegangen, es war wunderschön. Auf halbem Wege habe ich aber schon gemerkt: Irgendwas stimmt nicht. Ich vertrage chilenisches Essen zwar gut, aber an diesem Tag war etwas faul. In meinem Bauch begann es zu rumoren. Ich hab gedacht: Was mach ich nun? Der Vulkan ist weiß. Es gibt keinen Baum und keinen Busch, man kann sich nirgends verstecken. Es gibt einfach keine Möglichkeit, aufs Klo zu

Wenn Sie nach Chile reisen, sollten Sie unbedingt den Vulkan Via Ricca besuchen. Dieser Vulkan zeichnet sich dadurch aus, dass er ein wirklich perfekter, schneeweißer Kegel ist. In der Mitte einer kargen Landschaft steht dieser weiße Kegel. Nichts stört das Bild, es ist perfekt. Man sollte diesen

Erlebt von René,
nacherzählt von Thomas

ganz auf dem vulkan

gehen. Also hab ich zusammengezwickt. Die 20 Minuten zum Gipfel und den Abstieg würde ich schon schaffen. Unten beim Parkplatz gab es ja Toiletten. Ziemlich bald hat das Zusammenzwicken aber nicht mehr funktioniert und ich hab mir in die Hosen geschissen. Wenn man sich in die Hosen scheißt, dann scheißt man sich nicht nur ein bisschen in die Hosen. Wenn man Durchfall hat, dann kommt da einiges raus. Man scheißt, scheißt, scheißt. Unter dem blütenweißen Ski-Overall trug ich eine Jogginghose, die sich ziemlich schnell vollgesaugt hat. Ich stehe also auf diesem Vulkan und denke: Was nun?

Ich tat einfach so, als wäre nichts, und hoffte, dass niemand in der Gruppe etwas bemerkt. Vielleicht komme ich durch, so angeschissen bis ans Kreuz. Allerdings bemerkte ich bald, dass hinter mir keiner mehr gehen wollte. Wir kamen dann wieder hinunter zum Parkplatz, wo unser Bus wartete. Es war ein wirklich kleiner Bus für die sehr große Reisegruppe. Kaum war ich drin, kurbelte der Fahrer auch schon sein Fenster runter.

Mit vollen Hosen gehen geht noch. Wenn man sich aber hinsetzt, bekommt das Ganze eine weitere Dimension. Der einst blüten-

weiße Ski-Overall war hinten sicher nicht mehr sehr weiß. Der schlimmste Moment kam aber erst nach unserer Ankunft im Tal. Die ausgeborgten Overalls mussten zurückgegeben werden. Die Reisegruppe bildete eine Schlange, einer nach dem anderen zog seinen Overall aus und gab ihn zurück. Ich war natürlich der Letzte.

Am Ende haben mich alle neugierig angestarrt und gewartet, dass ich meinen Ski-Overall ausziehe. Ich bin einfach weg und habe den Overall erst am nächsten Tag zurückgebracht.

blitzschlag und

Ich muss so um die 15 Jahre alt gewesen sein, mitten in der Pubertät. Es war auf jeden Fall der Sommer, in dem ich zum letzten Mal mit meinen Eltern auf Urlaub fahren „musste". Wie immer hatten sich meine Eltern für Urlaub am Meer entschieden, strafverschärfend ein FKK-Campingplatz in Kroatien.

Ich war also in Kroatien, am FKK-Campingplatz, mit meinen Eltern. Zum Einkaufen gingen alle zu einem nahe, aber außerhalb des FKK-Bereiches gelegenen Kaufhaus. Natürlich gingen alle nackt hin. Der Betreiber war über seine nackten Kunden nicht begeistert und hängte „aus hygienischen Gründen" mehrere Handtücher vor dem Eingang hin. Gewaschen wurden die, glaub ich, maximal am Anfang der Saison. Irgendwann war es wieder einmal so weit, und ich musste meine Mutter beim Einkaufen unterstützen. Den ganzen Tag hatte es schon nach Regen ausgesehen, aber wir dachten uns nichts dabei. Wir machten uns also auf zum Kaufhaus – nackt natürlich, gehört sich so.

fkk

*Erlebt vom Thomas,
erzählt von Stephan*

Dort angekommen, borgten wir uns die obligatorischen Handtücher aus und erledigten den Einkauf. Beim Verlassen des Kaufhauses bemerkten wir, dass sich das Wetter schon massiv verschlechtert hatte. Wir hatten einfach die Geschwindigkeit unterschätzt, mit der das Wetter kommt.

Schnell die Handtücher wieder zurück an ihren Platz und mit erhöhtem Tempo zurück, meine Mutter knapp vor mir, ich mit den Einkäufen unterm Arm dahinter. Wir waren nicht mehr weit vom FKK-Campingplatz entfernt, als direkt vor uns ein Blitz einschlug. Es wurde unglaublich hell und der Donnerknall war unvorstellbar laut. Ich habe vor Schreck alle Einkäufe fallen lassen – aber meine Mutter, die war so panisch, dass sie sich umdrehte und mit einem Sprung sich mir um den Hals warf und wie ein Kletteräffchen an mich klammerte.Da standen wir nun, meine Mutter und ich, beide nackt und sie sich an mich, um mich klammernd. Ein Horror!

mit dagmar kolle

Erlebt von Martina,
erzählt von Armin

auf der büh

Dagmar Koller hatte ihre CD-Präsentation beim H.A.P.P.Y; ein neuer hipper Club-House-Song: „Music & Wine". Bei ihrem Auftritt waren noch muskulöse schnucklige Jungs als Tänzer, und Dagmar Koller war ganz euphorisch, mit denen zu tanzen und der Club war so geil und und und. Als Dagi die Bühne betrat, hatte die H.A.P.P.Y-Bande den Auftrag, den Auftritt zu stör... äähh zu verschönern – mit Weinflaschen-Kostümen, passend zum Lied. Diese Kostüme waren aber eher Wein-Burkas, denn sie hatten nur einen kleinen Sehschlitz und keine Öffnung für die Arme. Also. Als der Song begann und als die Dagi ekstatisch loslegte, torkelten wir Weinburkas auf die Bühne und die Showtreppe hinunter. Dagi, die erst nach einer Weile bemerkte, dass ihr Lied gestört wurde, reagierte professionell und schnell. Sie schnappte mich und wirbelte mit mir mehrere Runden herum. Der Horror war, dass ich durch den Sehschlitz nichts anderes sah als eine völlig erregte Dagmar Koller und ich aufgrund meiner Armlosigkeit ihr völlig hilflos ausgeliefert war.

Geträumt von Stefan,
erzählt von Alexander

traumnovelle

Vor ein paar Wochen war ich krank. Ich hab mich nicht gut gefühlt und bin sogar früher von der Arbeit heimgegangen. Meine Nase war zu und meine Stirnhöhle hat wehgetan. Ich glaub', ich hatte sogar Fieber. Daheim hab' ich mich niedergelegt und es war wirklich scheiße, weil sich mein Kopf ganz dumpf angefühlt hat, die Kieferhöhlen gedrückt haben … Ich war total k.o., aber ich konnte vor Schmerz nicht schlafen. Wirklich wach war ich aber auch nicht. Ich bin also wie in Trance dagelegen und hab … dazu muss ich sagen, dass ich schon seit Jahren nicht mehr geträumt habe. Ich schlafe immer traumlos. Das letzte Mal ist bestimmt schon zwölf Jahre her.

Ich bin also auf der Couch gelegen, mit geschlossenen Augen. Und auf einmal **GUT!** ist ein Mann auf mich zugekommen. Er hatte ein Stahlrohr in der Hand, das er mir gezeigt hat. Er hat nichts gesagt, aber ich **GUT!** wusste, dass ich es mit einem Blick beurteilen musste. **SCHLECHT!** Intuitiv habe ich sagen müssen, ob es gut oder schlecht sei. **GUT! GUT!** Ich hab es also angeschaut und „**GUT**" gesagt. Er ist weggegangen und hat das Rohr auf einen Haufen aus Stahlrohren gelegt. Hinter ihm ist ein weiterer Mann mit einem Stahlrohr gestanden. Und hinter ihm noch einer. **SCHLECHT! SCHLECHT! GUT!** Und hinter

diesem noch einer und noch einer. Und alle wollten sie, dass ich die Stahlrohre mit einem Blick bewerte. „**GUT!**" „**SCHLECHT!**" „**GUT!**" „**SCHLECHT!**" Es ist immer schneller geworden. Es wurden **GUT!** immer mehr Männer und immer mehr Stahlrohre, die ich in immer weniger Zeit beurteilen musste. **SCHLECHT!** Und ständig hab' ich überlegt, ob man die schlechten Rohre hätte reparieren können. **SCHLECHT! GUT!** Der Haufen an Stahlrohren ist immer größer geworden **GUT!** und die Männer immer drängender. Ein Rohr nach dem anderen wurde mir gezeigt **GUT! SCHLECHT!** und ich war schon total angestrengt. Auf einmal waren es nicht mehr nur Stahlrohre, **GUT!** sondern kleine, komplexe Stahlkonstruktionen, bestehend aus mehreren Rohren, **SCHLECHT!** und ich habe trotzdem binnen kürzester Zeit beurteilen müssen, **GUT!** ob sie gut oder schlecht waren. Es war unglaublich anstrengend **GUT!** – an Ruhe war nicht zu denken. **GUT! SCHLECHT! GUT!** Immer habe ich aufs Neue beurteilen müssen. Und irgendwann habe ich mich gefragt, **GUT!** wofür die guten Stahlrohre eigentlich verwendet würden. Vielleicht würde daraus ein Kinderspielplatz gebaut werden **SCHLECHT!** und ich war dafür verantwortlich, dass die

Kinder sich nicht
verletzen. **SCHLECHT!**
SCHLECHT! SCHLECHT! Oder eine
Brücke, die zwei Städte über einen
Fluss miteinander verbindet, und täglich
fahren 100.000 Autos drüber. Die
Vorstellung, dass meinetwegen ein
schlechtes Rohr auf den guten
Haufen gelegt werden könnte
GUT! und die Brücke
meinetwegen einstürzt,
GUT! war er-
drückend! **GUT!**
SCHLECHT!

Alle
Menschen, die sie
verwenden, sterben,
und rundherum steht ein
Meer an Männern, **GUT!** die
wissen, dass ich alle Rohre be-
urteilt habe. **SCHLECHT! SCHLECHT!**
Dieser Druck war nicht auszuhalten;
ich habe mich immer bedrängter gefühlt
GUT! und mit jeder Beurteilung haben mich
meine Nerven mehr verlassen. **GUT!**
Irgendwann habe ich mir gedacht, dass
das so nicht weitergehen kann. Ich habe
mich total angestrengt und gezwungen,
die Augen aufzureißen und zu rufen:
„Stefan, das kannst du nicht beurteilen!"
Jedes Mal, wenn ein Mann vor mir
gestanden ist, habe ich gerufen:
„Stefan, das kannst du nicht
beurteilen! Stefan, das kannst
du nicht beurteilen!" Das
habe ich drei Stunden
lang gemacht, bis ich
völlig erschöpft
eingeschlafen bin.

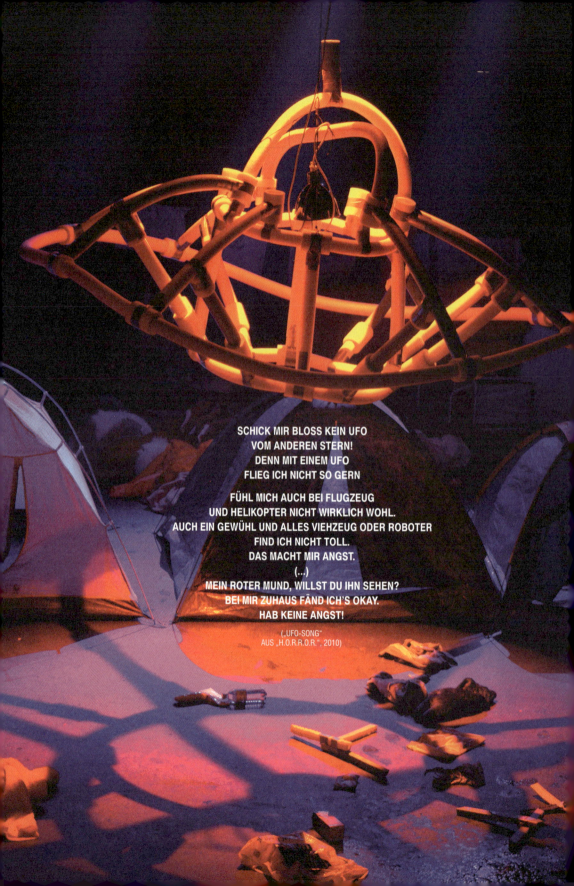

SCHICK MIR BLOSS KEIN UFO
VOM ANDEREN STERN!
DENN MIT EINEM UFO
FLIEG ICH NICHT SO GERN

FÜHL MICH AUCH BEI FLUGZEUG
UND HELIKOPTER NICHT WIRKLICH WOHL.
AUCH EIN GEWÜHL UND ALLES VIEHZEUG ODER ROBOTER
FIND ICH NICHT TOLL.
DAS MACHT MIR ANGST.
(...)
MEIN ROTER MUND, WILLST DU IHN SEHEN?
BEI MIR ZUHAUS FÄND ICH'S OKAY.
HAB KEINE ANGST!

("UFO-SONG"
AUS „H.O.R.R.O.R.", 2010)

NICHT AUF DER SCHWIMMNUDELSUPPE DAHERGESCHWOMMEN

STEPHAN HAUPT, SPEZIALIST FÜR SPEZIALEFFEKTE, ERKLÄRT, WIE MAN SICH DEN TRAUM VOM EIGENEN UNBEKANNTEN FLUGOBJEKT (UFO) GANZ EINFACH SELBST ERFÜLLEN KANN

Hallo Stephan! Erst mal ein großes Dankeschön, dass du dir für dieses Gespräch Zeit genommen hast. Kannst du dich unseren Leserinnen und Lesern kurz vorstellen?
Hallo, ich bin Leiter des H.A.P.P.Y-FX-Teams, und wir sind zuständig für alle Effekte und die Bühnenbildtechnik.

Ihr habt ja auch das Raumschiff für die Produktion H.O.R.R.O.R. entworfen.
Ja. Als Erstes war es zumindest als Raumschiff geplant. Leider waren die Angaben seitens der Regie nicht gerade präzise, und so haben wir ein wenig über das Ziel hinausgeschossen. Am Ende ist es dann sowieso ein UFO geworden.

Gut, der Song im Stück hieß ja auch „UFO-Song" und nicht „Raumschifflied". Was waren die Anforderungen?
Das Objekt musste während einer Tanz- und Gesangseinlage auf der offenen Bühne zusammengebaut werden. Also nicht wie sonst von erfahrenen Bühnenarbeitern, sondern von den Darstellerinnen und Darstellern selber. Am Ende sollte das UFO dann auch noch wegfliegen!

Und wie habt ihr das dann gelöst?
Naja. Die Darsteller sind eher auf der schwachen Seite angesiedelt. Damit meine ich nicht nur Kraft, sondern auch ihre Belastbarkeit. Also haben wir das leichteste Material gesucht, welches die geringste Unfallrate besitzt und mit dem auch ältere Menschen umgehen können. Gefunden

haben wir schließlich die Schwimmnudel. Da gab es auch schon Verbindungselemente, welche sehr praktisch waren und leicht erweitert werden konnten. Mit den Schwimmnudeln, wir besorgten uns wirklich eine ganze Menge davon, war das Problem eigentlich schon gelöst.

Schwimmnudel – da muss man auch erst mal draufkommen!
Ja. Als Form haben wir dann die klassische UFO-Silhouette gewählt. Also den *flying saucer,* die fliegende Untertasse. Mit vorbereiteten Nudelelementen und Steckverbindungen haben wir das dann umgesetzt.

Und die Performer konnten tatsächlich damit umgehen?
Zu unserer Überraschung ja! Zwei waren für das Zusammenstecken verantwortlich, die restlichen Darsteller waren eigentlich nur Hilfsarbeiter. Es gab einen strikten Plan, wann welche Bauteil-Reihe gebracht werden musste, damit der Aufbau zügig vonstattengehen konnte.

Offenbar ging euer Plan auf, und ihr seid nicht auf der Schwimmnudelsuppe dahergeschwommen?
Die Stabilität der Konstruktion hat uns selber überrascht. Die Steckverbindungen waren wirklich sehr stabil. Es kommt da zu einem Vakuumeffekt, der die Reibung noch unterstützt und das Ganze dadurch sehr, sehr stabil macht.

Danke, Stephan, für das Gespräch.
Danke für den leckeren Kuchen!

„ICH HAB TEXT LERNEN MÜSSEN!"

FÜR SIEBEN THEATERPRODUKTIONEN HAT WERNER LEINER DIE ORIGINAL-MUSIK GESCHRIEBEN. HIER ERZÄHLT DER H.A.P.P.Y-GENERALMUSIKDIREKTOR, WIE DAS SO WAR

Wie kam es dazu, dass du begonnen hast, für H.A.P.P.Y Musik zu machen?

Werner Leiner: Das war bei einem Silvester-H.A.P.P.Y im Fluc. Der Thomas (Tomtschek, Anm.) hat erzählt, dass uns das Donaufestival in Krems 2008 engagieren will und er gerne ein Musical machen würde. Ich hab gesagt, dass da aber eine Liveband dabei sein muss. Dann haben wir das beschlossen.

Bei „Lagerhouse" gab's zum ersten Mal eine Band mit auf der Bühne?

Ich hab dann die Band aufgestellt, den Chrono Popp, den Hans Holler, hab den Schlagzeuger Oliver Matt gefunden und mit dem Andi Kurka einen zweiten Gitarristen.

Silvester war die Idee, Ende April die Premiere, wenig Zeit fürs Komponieren, oder?

Wir haben erst im Februar angefangen!

Wie lief der Prozess zwischen dir und dem Thomas beim Schreiben von Stücken?

Plötzlich musste es irrsinnig schnell gehen. Also habe ich im Akkord am Computer Nummern eingespielt, sie dem Thomas gemailt oder am Telefon vorgespielt. Einmal hat er sogar den frisch getexteten Text am Telefon dazu gesungen. Es war ein bisschen ein Frage-Antwort-Spiel: Er schickt den Text, ich die Musik dazu und umgekehrt.

Wie viele Nummern hast du insgesamt für H.A.P.P.Y-Produktionen geschrieben?

Keine Ahnung. 50, 60 vielleicht; Songs, Tracks, Stimmungen, Sounds.

Gibt es einen Unterschied zwischen Musikmachen nur mit der Band und für die Theaterbühne?

Schon. Eigentlich hab ich Instrumentalnummern gemacht, die dann gesungen werden sollten. Stellenweise hat das super funktioniert. Manchmal war's vielleicht ein bisschen stressig für die Sängerinnen und Sänger, weil die Tonlage nicht zum Stimmvolumen gepasst hat. Das würde ich heute wahrscheinlich anders angehen. Ich hab jedenfalls versucht, einfache Gesangsmelodien zu schreiben. Wenn's wirklich nicht ging, haben wir's halt transponiert.

Ungewöhnlich ist auch die parallel zur Gesangsstimme laufende Gitarrenstimme – weil wir nicht so gut singen können?

Stimmt. Es gab eine Begleitspur, die die Gesangsspur unterstützt hat.

Damit man den Ton besser findet.

Genau.

Du spielst in den Bands der H.A.P.P.Y-Produktionen meistens Bass. Ist das nicht seltsam für den Kapellmeister?

Das ist halt das Instrument, das ich wirklich spielen kann.

Du hast manchmal den E-Bass gegen den Kontrabass eingetauscht – eine künstlerische Entscheidung oder Pose?

Naja, beides. Bei „S.O.A.P." hab ich das gemacht, weil ich einen jazzigeren Sound haben wollte. Aber es schaut schon auch cooler aus.

Welche Produktion war die größte Herausforderung?

Definitiv „Lagerhouse". Weil die Produktion riesig war, die große Band, die Koordination. Bei der „S.O.A.P." hab ich ja alles alleine gemacht.

Da warst du ja nicht nur der Musiker, da hast du auch den Musiker gespielt.

Auch eine Herausforderung. Ich hab Text lernen müssen!

Bei „H.O.R.R.O.R." wart ihr zu zweit ...

Da hab ich mich mit dem Rupi Derschmidt am Bass und der Gitarre abgewechselt. Und es gab noch das Keyboard und ein echtes Theremin.

Habt ihr viel geübt?

Bei „Lagerhouse" schon. Mit dem Rupi überhaupt nicht.

Dafür habt ihr ziemlich gut ausgesehen.

Manchmal haben wir auch tolle Anzüge bekommen.

Ja: Von H&M für wenig Geld.

#33 / SO KLINGT
DER BLANKE
H.O.R.R.O.R.

ENTOMOPHOBIE / *Angst vor Insekten*

MEGALOPHOBIE / *Angst vor großen Dingen*

GELOTOPHOBIE / *Angst, ausgelacht zu werden*

KOPOPHOBIE / *Angst vor Müdigkeit*

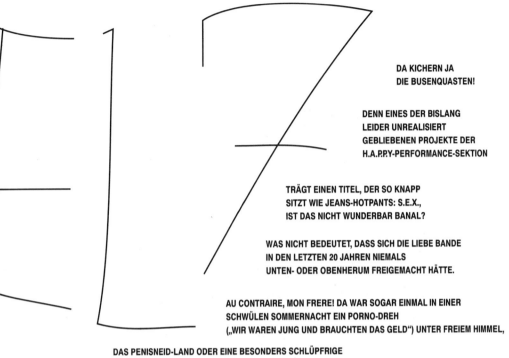

DA KICHERN JA
DIE BUSENQUASTEN!

DENN EINES DER BISLANG
LEIDER UNREALISIERT
GEBLIEBENEN PROJEKTE DER
H.A.P.P.Y-PERFORMANCE-SEKTION

TRÄGT EINEN TITEL, DER SO KNAPP
SITZT WIE JEANS-HOTPANTS: S.E.X.,
IST DAS NICHT WUNDERBAR BANAL?

WAS NICHT BEDEUTET, DASS SICH DIE LIEBE BANDE
IN DEN LETZTEN 20 JAHREN NIEMALS
UNTEN- ODER OBENHERUM FREIGEMACHT HÄTTE.

AU CONTRAIRE, MON FRERE! DA WAR SOGAR EINMAL IN EINER
SCHWÜLEN SOMMERNACHT EIN PORNO-DREH
(„WIR WAREN JUNG UND BRAUCHTEN DAS GELD") UNTER FREIEM HIMMEL,

DAS PENISNEID-LAND ODER EINE BESONDERS SCHLÜPFRIGE
LODEN-DESSOUS-MODENSCHAU.

DAS KAPITEL 7 WIRD JEDENFALLS HEISS.

SCHAUEN SIE, STAUNEN SIE ÜBER KNISTERNDE EROTICK,
SEXY TRATSCH UND KLATSCH ODER EIN
BIZARRES BOLLYWOOD-DOGMA-LESBEN-DRAMA.

UND LERNEN SIE,
WIE MAN SICH ALS
HERR VON WELT
MIT NUR WENIGEN
HANDGRIFFEN ZUR
DAME MACHEN KANN.

GANZ OHNE SKALPELL UND SCHERE.

ABER EIGENTLICH
WÄRE EROTICKA
AUCH EIN KRASSER VORNAME:

EROTICKA PACIFICO-ATLANTICO.

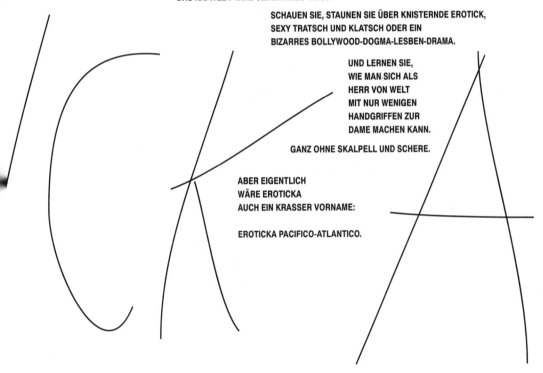

CHARLES
Pimmelhose, large
Jersey, Kunsthaar, Watte
Tomtschek, ©2003

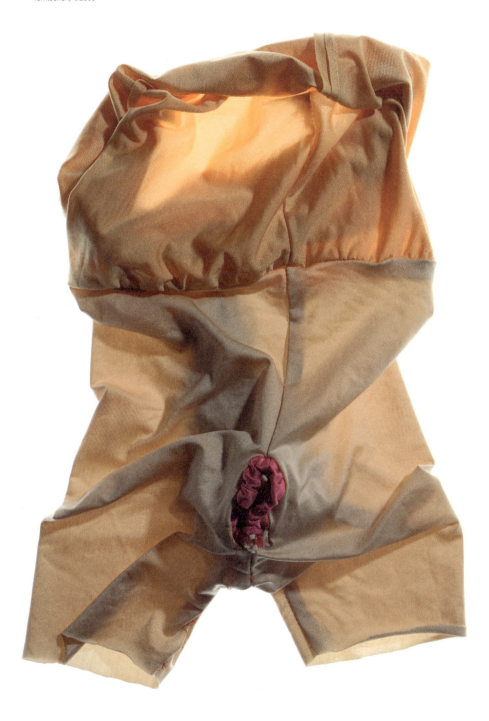

GERDA
Muschihose, medium
Satin, Jersey, Kunsthaar
Tomtschek, ©1998

Fotosalon Dimitrij Bierwurm

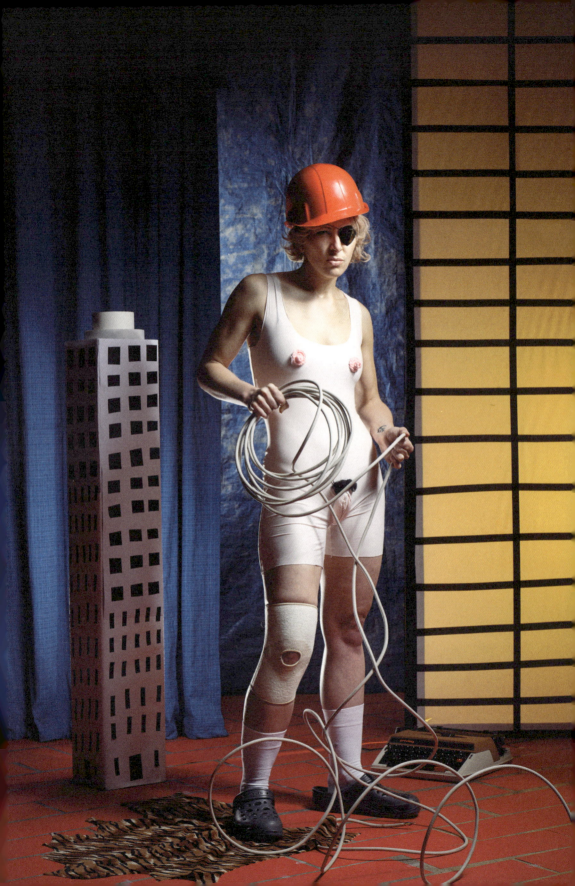

BRIAN
Pimmelhose, medium
Satin, Jersey, Watte, Kunsthaar, Walnüsse
Tomtschek, ©2006

ANTHONY
Pimmelhose, small
Jersey, Watte, Kunsthaar, Walnüsse
Tomtschek, ©2006

CLAIRE
Muschihose, x-large
Satin, Jersey, Watte, Kunsthaar
Tomtschek, ©2006

JEFF
Pimmelhose, large
Satin, Jersey, Watte, Kunsthaar
Tomtschek, ©2006

Willst du wissen, was so in den Köpfen der Redakteurinnen und -töre der Happygazetti vor sich geht? Ein Blick ins Redaktionsstübchen, und du weißt Bescheid. Wo Qualitäts-Journalismus gemacht wird, haben sich die Leute Moodboards angelegt, hier fließen die Bilder der Welt zusammen. Aber sieh selbst.

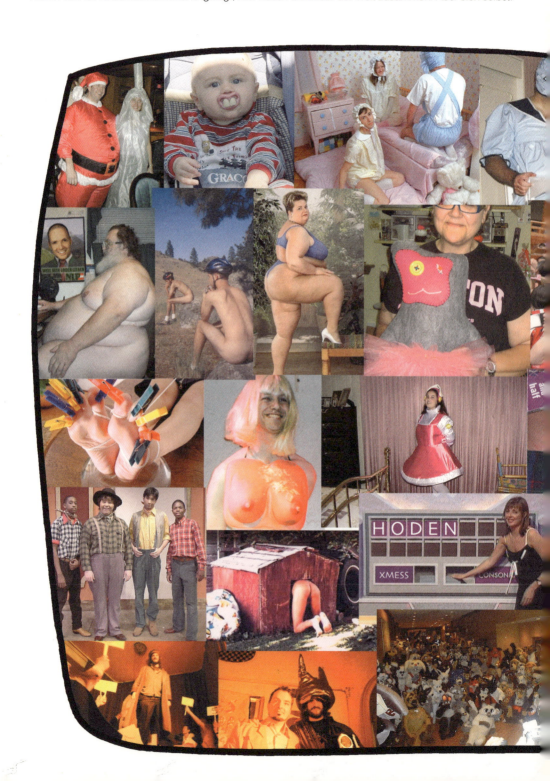

MOOD BORD

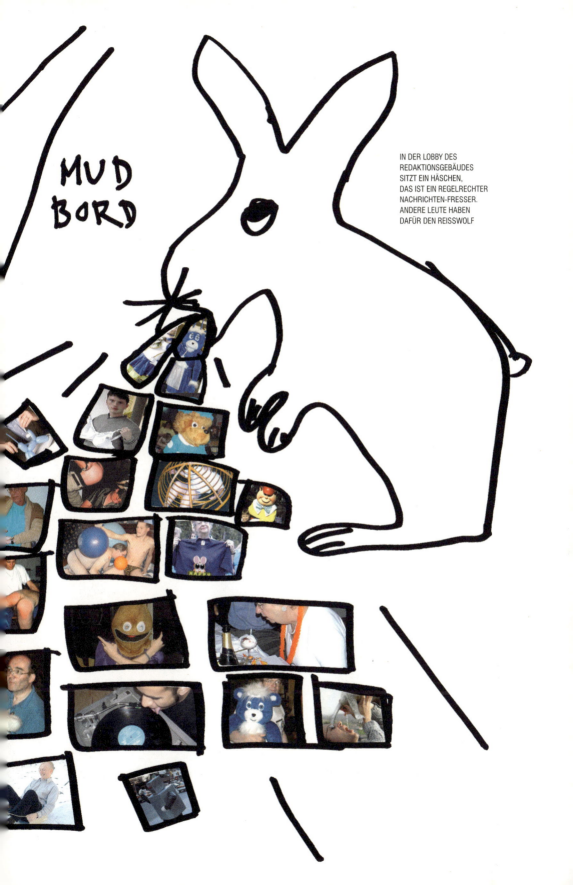

MUD BORD

IN DER LOBBY DES
REDAKTIONSGEBÄUDES
SITZT EIN HÄSCHEN,
DAS IST EIN REGELRECHTER
NACHRICHTEN-FRESSER.
ANDERE LEUTE HABEN
DAFÜR DEN REISSWOLF

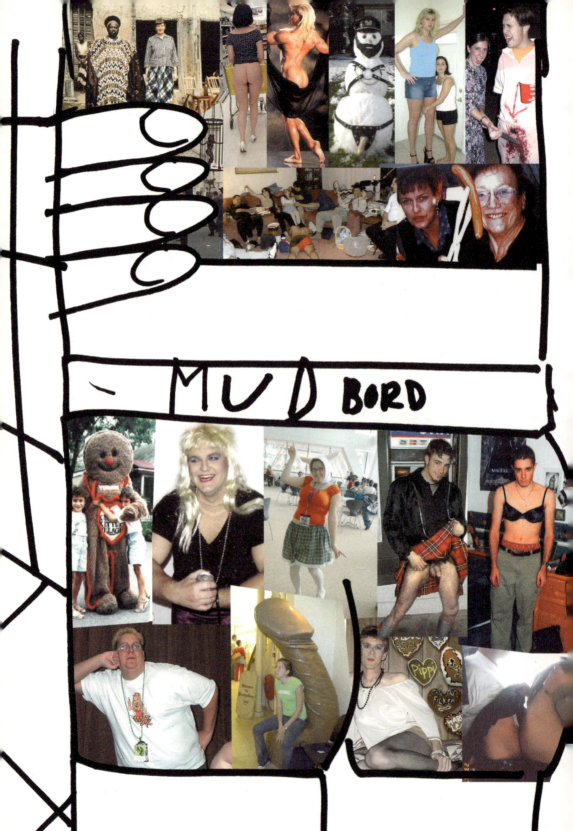

MUD BORD

MUSCHINEID ADE!

WIE MAN SICH GANZ EINFACH SELBST EINE
BRUSTMUSCHI BASTELT (WENN MAN EINE HABEN MÖCHTE)

Text und Fotos: Alexander Gostoso

ICH WERDE OFT GEFRAGT, WELCHE VORAUSSETZUNGEN MAN ERFÜLLEN MÜSSE, UM SICH EINE BRUSTMUSCHI ZU BASTELN. IM GRUNDE KEINE – ES IST EINE FRAGE DER ÜBUNG. Das Geschlecht ist egal, das Gewicht und die Größe auch. Klar, ein wenig dehnbar sollte die Haut schon sein, aber daran scheitert es sowieso nur in den seltensten Fällen. Genauso kann eine Brustmuschi **BEHAART, GLATT, WEICH, DERB, GEHEIMNISVOLL, EINLADEND, FORDERND, VERSTECKT, OFFENLIEGEND, GROSSHERZIG, SCHMUTZIG ODER PENIBEL GESÄUBERT, BLASS ODER GEBRÄUNT, SPORTLICH ODER GEMÜTLICH** sein. Und was die Umsetzung betrifft: Übung macht den Meister.

Am einfachsten ist es, wenn man mit Daumen, Zeige- und Mittelfinger der Führungshand, etwa fünf bis sechs Zentimeter oberhalb der gedachten Verbindungslinie zwischen den Brustwarzen, ein gut drei Zentimeter langes Stück Haut fasst und eine Falte bildet, indem man den mittleren Anteil mit dem Zeigefinger hinter die einander zugewandten, sich mit sanftem Druck einander annähernden Hautpartien, bewegt durch Daumen und Mittelfinger, zieht. Der seitliche Druck, der ständig aufrecht erhalten bleiben muss, bewirkt somit die **BILDUNG EINER HAUTRAFFUNG.**

Als zweiten Schritt, der von Geübten gleichzeitig mit dem ersten vollführt wird, erfolgt die gleiche Übung mir der anderen Hand spiegelverkehrt, etwa vier bis fünf Zentimeter unterhalb

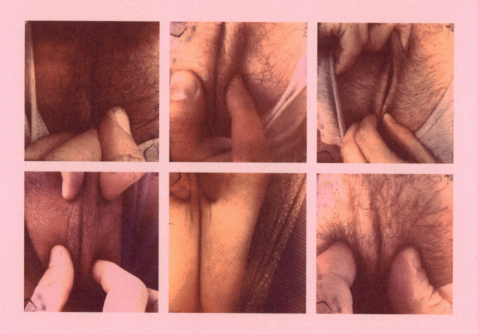

des oberen Muschisaums. **HIER IST FINGERSPITZENGEFÜHL GEFRAGT:** Oft löst sich nämlich, bedingt durch Zug- und Schubkräfte, der obere Teil der Mündung, und der versenkte Haut-anteil schiebt sich wieder nach oben. Im Grunde bedarf es aber nicht vieler Versuche, bis die Koordination sitzt. Und wie auch bei anderen Körperteilen gilt hier:
JE MEHR UNTERHAUTFETTGEWEBE, DESTO VOLLER DIE LIPPEN.
Durch zusätzlichen sanften Druck in Richtung der jeweils anderen Hand gelingt auch der typische faltige Eindruck, der in seiner Perfektion sogar innere Brustschamlippen vermuten lässt. **MUSCHINEID ADE!**

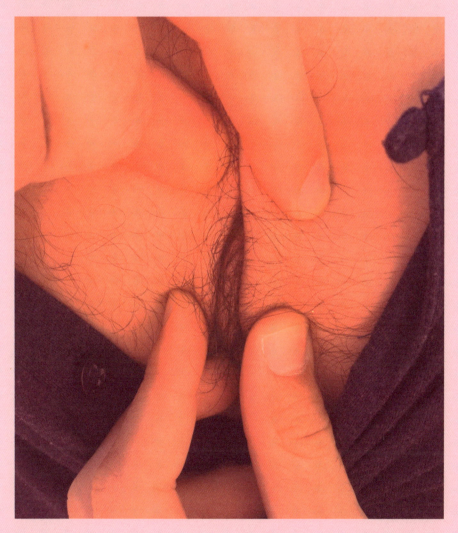

Ein Ex-Promi präsentiert Pelzchen
Dangl-Buttermann: Schuh-Modesünde beim Apero

Einst war Helga Dangl-Buttermann (33) ein angesehener Star. Doch wer hoch steigt, der fällt oft tief. Wie tief genau, konnte man vergangene Woche bei einem Cocktail-Event im angesagten Loching erleben, wo die Diva einmal mehr aus der Rolle fiel. Buttel erschien zwar im Kleinen Schwarzen, trug jedoch dazu vollkommen falsche Schuhe. Bizarr gemusterte Fellstiefelchen an den Füßen, entstieg sie der Limousine und konnte in den schweren Echtpelzboots kaum das Gleichgewicht halten. Hoffentlich kommt der gefallene Star bald wieder in die Vertikale.

Helga, April 2008
(Tratschigirl)

"Die Buttel"

Buttel-Skandal am Red Carpet: Kommt der größte Star von Happyhausen nie wieder auf die Beine?

Das hat sie gerade noch gebraucht! Im Frühjahr erst die peinlichen Penispanne, dann die grausamen Gerüchte um die Schamhaarverlängerung und jetzt das: Bei einer Geschäftseröffnung erschien Helga Dangl-Buttermann (34) in selbst kreierter Abendrobe, abgeknabberten Fingernägeln, ungewaschenen Füßen und schlimmer Out-of-Bed-Frisur und begehrte Einlass zu dem Event. Allerdings stand der Name der Ex-Diva nicht auf der Gästeliste. Wie bitter! Buttel wurde knallhart abgewiesen: Ohne Einladung keine Häppchen. Doch der einstige Star gab nicht auf, probierte es beim Hintereingang, behauptete, die Eigentümerin des Modeladens zu sein, schimpfte und fauchte. Schließlich musste die Polizei kommen, und Buttel verzog sich in ein Lokal vis-à-vis, wo sie Pizza bestellte, die sie mit den Fingern (!) aß. Die Gäste der Veranstaltung zeigten sich ob des Trauerspiels not amused. So meinte Schauspielerin Maedchen Fellner angewidert: „Dass sie sich das antut, die Arme."

Helga, Mai 2009
(H.A.PPY Gazetti)

Neuer Mann an ihrer Seite?
Helga kann wieder lachen

Darüber spricht ganz Happy-hausen: Beim Liebesurlaub in Nizza gesichtet wurde Helga Dangl-Buttermann (35) mit einem neuen Mann an ihrer Seite. Vergessen sind Penispanne und Busenblitzer. Sieht der Star nicht strahlend aus? Wir haben Helga exklusiv am Telefon erwischt. Wer der blonde Hüne ist, mit dem sie da so frisch verliebt durch die Mittelmeermetropole schlendert, wollte sie uns aber nicht verraten. Nur so viel: „Ich habe Schmetterlinge in meinem Bauch." Doch nach den Skandalen der vergangenen Wochen möchte es die Schauspielerin ruhiger angehen: „Er ist nur ein guter Freund", sagt sie. Dem Vernehmen nach handelt es sich um ihren Anlageberater (39). Nach Beratung sieht das Ganze aber nicht aus …

Helga Dangl-Buttermann 2010, August
H.A.P.P.Y Sezetti

BUTTEL: IST DA EIN BUTTERMÄNNCHEN UNTERWEGS?

Verdächtig gewölbt: Plant der ehemalige Kino-Star eine Karriere als Mutti? Unlängst konnte man Helga Dangl-Buttermann (37) beim Gustieren in einem Essiggurkenfachgeschäft beobachten. Und man muss kein Wahrsager sein, um zu wissen, was das bedeutet. Wer genau

kleines Babybäuchlein unterm modischen Top abzeichnet. „Falscher Alarm", konterte der einstige Pop-Star, möchte es aber in den nächsten Wochen ein bisschen ruhiger angehen: Keine Partys, keine Exzesse. Spätestens jetzt sollten wir nach einem Namen für das süße Buttermännchen suchen. Und wenn's ein Mädchen wird?

Helga Dangl-Buttermann, Schwanger?

Buttel 2012, Fritzreigine) Jänner

Buttel 2013, Mai

"Buttel" Helga

H.A.P.P.Y Saxeldi (2013)

DRAMA BEIM SCHÖNHEITS-DOC? BUTTEL HAT JETZT NOCH MEHR HOLZ VOR DER HÜTTEN ...

Beim Verlassen einer Schönheitsklinik in Happyhausen-Ober-Popling gesichtet wurde Helga Dangl-Buttermann (36). Keine Pressekonferenz wurde anberaumt, und auch ihr Management schweigt beharrlich zu dem Gerücht, Buttel hätte sich die Brüste richten lassen. Aber auch mit bloßem Auge sind die zwei Beweise erkennbar, die der Kino-Star da neuerdings spazieren trägt. Nun fragt sich das ganze Land: Geht's jetzt auch mit ihrer Karriere wieder aufwärts? Kein Film, kein Musical – bis auf ein paar Auftritte im Shopping-TV war es in letzter Zeit verdächtig ruhig geworden um Helga. Dabei würden wir sie so gerne wieder in großen Rollen sehen. Vielleicht klappt's ja jetzt nach der Schönheits-OP ...

Mutti Muttermann!

Windelalarm bei Dangl-Buttermann? Der Star, so scheint es, hört die innere Uhr ticken. So spazierte Helga Dangl-Buttermann vergangenes Wochenende verträumt durch Rom, ließ sich auf malerischen Plätzen nieder, fütterte Tauben und linste verstohlen in Kinderwägen. Wenn das kein Zeichen ist! Schwebt nach Brust-OP und Zehenbruch endlich wieder ein kleines Glückswölkchen über Buttel? Ein Baby, welches das Glück perfekt machen würde? Doch leider wieder nur schlimme Schlagzeilen: Eine Nacht im Frauenknast verbringen musste Buttel. Sie soll versucht haben, ein fremdes Baby aus einem Kinderwagen zu stehlen.

Diebische Elster: Will Buttel hier „nur" einen Kinderwagen klauen?

DIE EX-DIVA UND IHRE DÄMONEN

Dangl-Buttermann: So macht der Alk ihre Karriere kaputt!
Sie säuft, sie tanzt, sie torkelt und krakeelt! Bei einem Geburtstagsevent
für eine Freundin vom Musical konnte man Helga Dangl-Buttermann (38)
dabei beobachten, wie sie systematisch abstürzte. Buttel mischte Wein mit
Bier, ein Schnäpschen dazwischen, Prost! Mittlerweile machen sich sogar
die Kollegen schon Sorgen, dass mit ihr etwas nicht stimmt. „Ich bin und
bleibe die Alte", versichert die Diva tags darauf bei einem exklusiven Tele-
fonat. „Ich bin und bleibe eure Buttel." Wenn sie da mal nicht falsch liegt …

*Helga
Dangl Buttermann.
(Future drafts,
April 2014)*

KOKO DSCHAMBO

**NIMM MICH RAUF, LASS MICH RUNTER
STELL MEINE FÜSSE ZURÜCK AUF DEN BODEN
NIMM MICH RAUF, FÜHL MEIN HERZ
UND MACH MICH H.A.P.P.Y**

#34: HÖRST DU,
KUCKST DU:
DIE SPOKEN-WORD-
EUROTRASH-JAM

#35: DANCE THE DOGMA-BOLLY-WOOD-STYLE!

#36: QUICK, BEFORE SOMEONE ELSE SEE THIS

TANZ DURCH DIE GESCHLECHTSUMWANDLUNG!

WIE LADY DI NACH INDIEN UND BOLLYWOOD NACH ÖSTERREICH KAM: DER BISLANG UNVOLLENDETE H.A.P.P.Y-TANZ- UND SPIELFILM „QUEEN OF HEARTS"

Die Welt vor 1997. Die Handlung des ersten „Bollywood Dogma Lesbendramas" (Arbeitstitel), das je in Europa produziert wurde, entwickelt sich über drei Tage. Drei Tage, in denen Indien und im Besonderen eine kleine Dorfgemeinschaft erwartungsvoll die Ankunft von Lady Di erwartet. *„Queen of Hearts"* heißt das Werk, und der Untertitel ist Programm: *„There is always one whose life is more miserable than yours."*

Zentrale Figuren dieses Drama-, Missverständnis- und Liebesreigens um unerfüllte Hoffnungen sind das ungleiche Schwesternpaar Anandi (Vorsitzende des lokalen Lady-Diana-Huldigungs-Clubs) und Rajasi (Lady-Diana-Hasserin und Mitglied einer militanten Untergrundbewegung mit dem Ziel, Computerinderinnen als Männer getarnt in die Welt zu versenden). Beide sind Töchter von Herrn Sulabh, einem bösen und geldgierigen Guru, der jedoch von allen im Dorf geachtet wird, weil er eine heilige Pilgerreise gemacht hat. Aufgrund eines schlechten Rates des Gurus entscheidet sich der eben vom Militärdienst zurückgekehrte virile Ibnaham für eine Geschlechtsumwandlung. Er hofft, damit Anandi für sich gewinnen zu können.

Seine großen Ohrmuscheln lässt er sich bei dieser Gelegenheit auf ein verträgliches Maß zurückstutzen – leider ohne zu wissen, dass genau diese Assets ihm eine Ähnlichkeit mit Prinz Charles verliehen und damit wiederum Anandis Gefühle geweckt haben.

Ein indischer Cocktail mit einem Ozean aus Intrigen, Sex, Begierde und Egoismus, aromatisiert mit Leidenschaft, Missverständnissen und doppeltem Ende als Krönchen.

Doch bis es so weit ist, wird das Publikum noch durch ein Kaleidoskop aus Rückblenden und Traumsequenzen, Verfolgungsjagden, Anti-Tempelnutten-Protesten, psychedelischen Tanzeinlagen und unerwarteten Wendungen geführt – oder ihm überlassen.

Anandis Freundin Navneeta beispielsweise plagt eine Sprachblockade; ein nicht gerade übliches Schicksal in einem potenziellen Sing-along-Film und für die Sprecherin des Lady-Di-Komitees. Doch die Blockade setzt nur in Anwesenheit von Anandi ein, da sie für diese im Verborgenen starke Gefühle hegt. In Navneeta wiederum verliebt sich die Stewardess Deepali, die ihr schließlich auch ihre Liebe gesteht. Diese bleibt unerwidert, und so zieht Deepali ihrerseits eine Geschlechtsumwandlung in Betracht. Große Gesten, kleine Tränen, bunte Kostüme in grandiosen Landschaften.

Auch Chidambar, bester Freund Deepalis, wird eine Geschlechtsumwandlung in Aussicht gestellt. Allerdings gegen seinen Willen: Seine Mutter Nivedita, die dem Guru Sulabh hörig ist, will ihren Sohn dazu bringen, sich zum Wohle Shivas als Tempelnutte zu verdingen. Das wäre gut für ihr Karma. Karmapflege war wohl auch die Intention der US-Touristin Biggie, die im indischen Kaff ein Ashram eröffnen will und sich dabei gutgläubig in die Fänge des Gurus begibt.

Wie jede gute Geschichte hat auch „Queen of Hearts" nicht nur eine Message, sondern auch eine Rahmenhandlung, die in diesem Fall dank eines Kunstgriffs die eigentliche umzukehren vermag: Gott Krishna, dem in der Mythologie keine Frau widerstehen kann, bleibt trotz seiner blauen Erscheinung für (fast) alle unerkannt. Folgerichtig geht damit ein unfreiwilliges Zölibat einher, das er ohne Unterlass zu durchbrechen sucht. Letztlich wird er Chidambar herumkriegen, der sich nach dem Tod der Mutter auf eine schnelle Nummer mit dem blauen Gott einlässt. Doch dadurch reinkarniert sich die Story selbst.

Der Drive der Geschichte oder das Öl in diesem Getriebe aus menschlichen Emotionen, die sich zuweilen in spektakulären Tanzsequenzen entlädt, ist die beinahe schon inflationäre Frequenz an möglichen und tatsächlichen Geschlechtsumwandlungen. Ein abenteuerlich heiteres und kurzweiliges Lustspiel – bollywood style.

„QUEEN OF HEARTS (THERE IS ALWAYS ONE WHOSE LIFE IS MORE MISERABLE THAN YOURS)"
A 2003 –? / ca 120 Min., Farbe, OFmdU

Buch: Stephan Haupt, Martina Frühwirth, Patrick Dax. *Schnitt:* Orlando Pescatore, Tomtschek. *Regie/Kamera:* Herr Tomtschek. *Mit:* Christian Habel, Jimmy Hechmati, Christian Moser, Helga Dangl-Buttermann, Evchen Szirota, Iris Meder, Markus Täubler, Maedchen Fellner, Orlando Pescatore, Thorwaldt van Brook, Charlotta de las Ceresas, Martina Frühwirth, Robert Binder, Christian Bezdeka, Armin Autz, Tina Morawitz, Eva Weissenberger, Herr Tomtschek u.v.a.
> *Gedreht in Wien, Niederösterreich und im Burgenland.*

#37: COMING SOON
NEXT MONSOON!!!

QUEEN OF HEARTS
(THERE IS ALWAYS ONE WHOSE LIFE IS MORE MISERABLE THAN YOUR

A BOLLYWOOD-DOGMA-FILM BY H.A.P.P.Y

Blauer Himmel, ein Flugzeug fliegt vorbei.

SENSES ARE FADING
COULD WE BE KISSING
FEELINGS INVADING
BALANCE IS MISSING
PURE PAJOOLI
CAN'T SMELL SWEETER
FRESH BORN BABYS
CAN'T LOOK NEATER

LADY DI IS SUCH A FINE PERSON. AND I REALLY ADORE HER HAIR. SHE GOT SUCH BEAUTIFUL HAIR! I WISH I COULD HAVE HAIR LIKE HER.

HERE, LOOK AT IBNAHIM. THAT'S WHAT I CALL A POTENTIAL! THIS YOUNG MAN SERVED IN THE WAR. HE KNOWS HOW TO PLEASE OTHERS, HOW TO TAKE CARE.

Deepali bricht den Tanz ab und steigt in ein Taxi.

HE IS JUST A FLY THAT SITS ON THE ASS OF A WHORE.

Dr. Yashawini

TEARDROPS FALLING DOWN

Das schmerzverzerrte Gesicht der Mutter, über dem sanft der Schatten der Ärztin liegt. Der emotionale Ausdruck der hässlichen Fratze scheint sich indes zu verwandeln, und wir sehen ein dreckiges, aber glückliches Grinsen.

ALL MY TEMPTING OFFERS YOU IGNORE. I WILL HAVE TO GIVE A LITTLE MORE.

HELLO, PRETTY GIRL. SHALL I PLAY MY FLUTE FOR YOU?

MEN LIKE YOU THINK YOU ARE HERE TO PICK US LIKE RIPE GRAPES. ONE AFTER THE OTHER.

WITH MY FEELING YOU PLAY? ALL YOU SAY IS JUST ...

WELCOME TO INDIA, HOW WAS YOUR FLIGHT? DO YOU HAVE THE MONEY?

EVERY SEX REVERSAL YOU DO IS A SLAP IN MY FACE! HOW MANY YEARS HAVE YOU PRAYED FOR A BABY-GIRL? HM? AND ALL THERE IS IN THE END IS THIS MALE! DO YOU HEAR ME, MOTHER?

REINCARNATED LOVE

Sie reden miteinander und bewegen die Lippen, im Film versteht man nicht, was sie reden, sondern sieht ihre Gesten, da parallel der Tanz mit Musik abläuft.

IN ANOTHER INCARNATION SHE WAS THE PRINCESS OF HER HEART WITH THIS BRAND NEW INFORMATION ALL MY FEARS JUST FALL APART SHE STILL IS SINGLE SHE STILL IS SINGLE LET'S INTERMINGLE NOW COME AND JOIN THIS CELEBRATION LOVE AT LAST WILL SHINE FOR ME WITH THIS SEX CHANGE OPERATION SHE WILL SURELY NOTICE ME LOVING HER IN EVERY DETAIL SHE IS A BLESSING FROM ABOVE DOES NOT MATTER MALE OR FEMALE, SHE IS MY REINCARNATED LOVE

BUT I AM NOT A WOMAN – YET!

>

TURN AROUND

DON'T LOOK BACK TO BOLLYWOOD

WHEN I LEFT BEHIND MY JOB, MY HOUSE AND MY OLD LIFE, TOO
TO LOOK FOR DIVINE LIGHT. EV'RY HOLY MAN MUST LEAVE
HIS FAMILY AND WIFE, TOO. YOU ARE JUST A PIMP AND NOT A
HOLY MAN! OH NOT AGAIN A FIGHT.

GO AND CHANGE YOUR SEX,
GO TO THE DOCTOR AND SOON
A NEW LADY LOVELY WILL
STAND BY MY SIDE.

> SHE DOES NOT HAVE ANY
HUSBAND? BUT ... WHAT
IS WITH THE SOLDIER SHE
PICKED UP AT THE AIRPORT?

BUT THAT IS NOT HER HUSBAND.
HE IS HER BROTHER.

SAY A WORD, SAY A WORD!

Krishna lächelt
ihm weiter zu.
BOY YOU DON'T
KNOW NOTHING
THE RASA LILA.
Er steht auf und
streckt die Hand zu
Chidambars aus.
Beginn Tanz.

SHE WILL BE
REINCARNATED AS A
WORM FOR MAKING
YOU SUFFER ALL
THOSE YEARS.

YOU TOUCH MY HEART
LOVE MAKES IT FALL APART

DANCE
YOUR
KARMA
BETTER

Rajasi stößt Krantis
Hand weg und lädt
das Gewehr durch.

Im Hintergrund mischen sich Stimmen
aus dem Fernsehapparat in die Szenerie.

TURN AROUND, LOOK AROUND, THINK AGAIN, 'CAUSE:
THERE IS ALWAYS ONE WHOSE LIVE IS MORE
MISERABLE THAN YOURS

WE REALLY HAVE A ROTTEN KARMA.

OH THE GLANCE
IN YOUR EYES
TELLS US THAT
YOU ARE
REALLY IN LOVE
WITH LADY DI.

THIS IS YOUR HALLUCINATION
WHILE YOU MAKE
THIS TRANSFORMATION
I AM JUST YOUR MIND
CREATION MADE BY
YOUR BIG EXPECTATION

YOU ARE THE ONE

YES, I DO LOVE YOU.

Flugzeuglärm.
Ein Flugzeug
fliegt vorbei,
dunkel.

>

THE ENDS

Schrei von
Gott Krishna,
weil Chidambar
gestorben ist.

>

IT'S ALWAYS THE INNER BEAUTY THAT COUNTS.

08

ANHANG, DAS KLINGT SO SELTSAM.
AUSSERDEM FANGEN JA VIELE LEUTE BÜCHER, ILLUSTRIERTE ODER TOILETTENPAPIERROLLEN
VON HINTEN ZU LESEN AN.

DARUM KOMMT JETZT VIELLEICHT DAS WICHTIGSTE VON GANZ HAPPYHAUSEN:
DIE JUGENDHAARE EINER KAISERIN. ENDLICH!

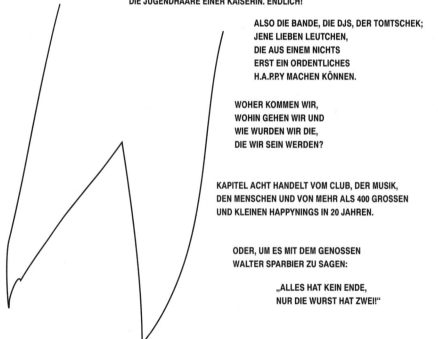

ALSO DIE BANDE, DIE DJS, DER TOMTSCHEK;
JENE LIEBEN LEUTCHEN,
DIE AUS EINEM NICHTS
ERST EIN ORDENTLICHES
H.A.P.P.Y MACHEN KÖNNEN.

WOHER KOMMEN WIR,
WOHIN GEHEN WIR UND
WIE WURDEN WIR DIE,
DIE WIR SEIN WERDEN?

KAPITEL ACHT HANDELT VOM CLUB, DER MUSIK,
DEN MENSCHEN UND VON MEHR ALS 400 GROSSEN
UND KLEINEN HAPPYNINGS IN 20 JAHREN.

ODER, UM ES MIT DEM GENOSSEN
WALTER SPARBIER ZU SAGEN:

„ALLES HAT KEIN ENDE,
NUR DIE WURST HAT ZWEI!"

Plakatserie,
Tomtschek, 2006, 2007.
Acryl, Edding auf Papier
ca. 60 x 88 cm

PLAKATE, KAPLATE:
GIB MIR DOCH BITTE MAL DEN EDDING

PFEIF AUF DAS KOPIERGESCHÄFT,
HERR TOMTSCHEK MALT PLAKATE SELBST. JEDES EINZELN

Natürlich muss es die gute alte Acrylfarbe
sein, Reste vom letzten Bühnenbild, und dann
wird die schnell mit dem trockenen Edding
skizzierte Miezekatze eben schweinchenrosa.
Immer auf Packpapier von der Rolle, so hat
das der feine Herr Tomtschek gemacht.
Sehen Sie hier und auf den nächsten Seiten
eine Auswahl von Veranstaltungsplakaten
für H.A.P.P.Ys an verschiedenen Orten in Wien.
Wir danken der Sammlung Fischer-Briand,
Heiligenstadt, und dem BiMoK
(Bilder Moderner Kunst) in Happyhausen.

HOAOPOPOY

SA. 30.9. ROTE BAR
VOLKSTHEATER

H.A.P.P.Y
NEW YEAR
31. 12.
FLUC WANNE

13 JAHRE H.A.P.P.Y

SA. 20.5.   AB 22H.
ROTE BAR / VOLKSTHEATER

SA 27.5.   16-23 H
STRANDBAR HERMANN

H.A.P.P.Y
IM
BADEENTE
SCHIFF
Fr. 23.2. AB 22h
DONAUKANAL / URANIA

H.A.P.P.Y XMAS

WIR ZEIGEN, WER
DIE GESCHENKE
IN WIRKLICHKEIT
BRINGT ! (AB 0 UHR)

H.A.P.P.Y

IM BADESCHIFF
SA. 24.3. 22H

MISS H.A.P.P.Y 06

SA. 18.11. ROTE BAR
VOLKSTHEATER

H.A.P.P.Y

Fr. 25.5. CAMERA CLUB
Sa. 2.6. FLUC WANNE

H.A.P.P.Y

IN DER ROTEN BAR
SA. 24.6. VOLKSTHEATER
DJS: SLACKHIPPY,
SMOAB, JONATORE

H.A.P.P.Y, SEIT 1993.
Und was sagt die liebe Bande?

VIER GENERATIONEN H.A.P.P.Y-BANDE ERINNERN SICH AN IHR ERSTES MAL. ALSO DAS ERSTE H.A.P.P.Y, DAS TOLLSTE HAPPYNING UND DIE ALLERGRÖSSTE HERAUSFORDERUNG

Unkollektives Bewusstsein: ehemalige, älteste, jüngste und neueste Mitglieder des Kollektivs machen Oral History. Eine Auswahl.

#38 / DIE MEISTEN HATTEN MEHR ZU SAGEN. DIE KOMPLETTEN TEXTE DER BANDE FINDEST DU HIER!

SCHNIPP: FEMINALE-LOGO

OH, ICH WUSSTE GAR NICHT SO GENAU, WAS DENN SO EIN H.A.P.P.Y IST. Ich wollte einfach zu den süßen DJs, ein bisschen schauen, was los ist. Ob der Abraxas auch da ist. Ui, in ihn war ich zu der Zeit total verliebt. Also ging ich hin, schauen. Und ich schaute. Da waren so viele Sandler_innen. Pfui, hats mich genervt. Ich wollte bitte echt nicht auch beim Weggehen so arg angeschnorrt werden. Schnell durch diese Gruppe von diesen seltsam aussehenden Menschen, ich war echt total irritiert. Zum Glück gab's dann noch eine entschädigende Schmuserei, ob es nun mit dem Abraxas war, wird nicht verraten.

DIE GRÖSSTE HERAUSFORDERUNG? DA HAB ICH ZWEI ERINNERUNGEN. Das erste war die FEMINALE … oh Gott. Ich machte einen geilen Kunstfilm und trat das erste Mal als NANA MUSCHI auf! Aber ich hatte schreckliches Lampenfieber. Es war auch geplant, Interviews zu geben, so ein Publikumsgespräch – zum Glück hab ich meinen damaligen Freund zwingen können, dieses Interview schon am Vorabend mit mir aufzunehmen … wir haben dann das gezeigt, und ich hab mich trotzdem geniert und versteckt. Die zweite Erinnerung ist keine aktive Beteiligung, sondern betrifft den Besuch des H.O.R.R.O.R.-Stückes. Ich hatte so große Angst, schon im Vorfeld, und dann passierte das schrecklichste auf Erden: Publikumsbeteiligung!!! Ich war, glaub ich, noch nie so tief in einen

ES GAB SO VIELE TOLLE SCHÖNE MOMENTE, besonders hat mir der Zirkus Brot gefallen. Da habe ich mit Iris als Jack & Doreen Plastikbecher auf Stangen jongliert.

DIE GRÖSSTE HERAUSFORDERUNG waren

Dreharbeiten zu H.A.PPY-TV oder zum indischen Lesbendrama. Das öffentliche Umziehen und Schminken (ich trug als Guru meist nur einen Lendenschurz) vor den neugierigen Augen der Volksgartenbesucher beim Theseustempel war eine ziemliche Überwindung. Ebenso das Ausführen irgendwelcher Tanzchoreografien in der WIG in Oberlaa, vor alten Omis auf der Parkbank. Tja, Augen zu und durch, irgendwann ist einem das auch nicht mehr peinlich. **JIMMY HECHMATI**

INDIENFILM, DREHPAUSE

#39 / JONGLAGE
IM ZIRKUS BROT:
JACK & DOREEN

FRAU FELLNER HAT MICH MITGENOMMEN, und ich war mehr als aufgeregt. Es gab ein Nagelstudio an dem Abend, somit durfte ich Thomas eine Fußpflege verpassen, die ihm offenbar gefallen hat, denn von da an war ich ein H.A.PPY-Banden-Mitglied. Alles in allem ein sehr lustiger und aufregender Abend für mich, die von mir bearbeiteten „Hufnägel" verfolgten mich eine Weile in meinen Träumen, und ich dachte, ob ich vielleicht meinen Job wechseln soll.

EINDEUTIG MEIN LIEBLINGS-H.A.PPY war Bibelbingo! Ich durfte als Klageweib zu Füßen Jesu sitzen und war mehr als entzückt, weil die Lose in Form von Bällen aus seinem Lendenschurz gezogen wurden. Außerdem war das gesamte Bühnenbild genial, und ich hatte – als eine auf dem Land Aufgewachsene – so richtig Spaß, dass die liebe Religion nicht so ernst genommen wird, wie es im schönen Innviertel der Fall war.

EINE HERAUSFORDERUNG WAR das Tittenballett am Silversterabend! Vor einer riesigen Menge hatte ich immer schon Angst, und bei anderen H.A.PPYs hat sich das immer ein wenig verteilt mit den Leuten. Obwohl die wunderschönen Plüschbrüste und das gelockte silbrig-weiße Haar der Hammer waren, war ich sehr erleichtert, als wir es hinter uns gebracht hatten. **NUSSI NUSSBAUMER**

ENDLICH HABE ICH ES GESCHAFFT! Nach endlos vielen Jahren, die ich als glühender Stalker der H.A.P.P.Y-Crew verbrachte und aus weiter Entfernung das herrliche Treiben beobachtete, passierte das Wunderbare in dieser einer lauen Sommernacht: Ich wurde gefragt, ob ich bei einem H.A.P.P.Ylight mitmachen wollte. Meine Freude darüber war grenzenlos, und gleichzeitig erkannte ich, dass mein Leben ab diesem Zeitpunkt nicht mehr dasselbe sein würde. Als ich dann an diesem besonderem Abend zur Vorbesprechung ging, erstarrte ich vor der Türe im Wuk vor Ehrfurcht, und eine Stimme sprach zu mir: „FÜRCHTE DICH NICHT – ICH BRINGE DIR DEN SEGEN VOM ALLERHÖCHSTEN. AB JETZT SOLLST DU MEINE BOTSCHAFT IN DIE WELT TRAGEN. DU WIRST KRATZIGE LODENDESSOUS TRAGEN, KNOBLAUCHWÜRSTE WERDEN DICH UMRINGEN, UND DER GLANZ DER BIBELBINGO-FAMILIE WIRD DICH ERHELLEN! ZEIGE KEINE FURCHT, DENN KEIN LEID SOLL DIR WIDER-FAHREN"! Nach diesem Moment der Erleuchtung erhielt ich meine Gewänder. Wir begannen gemeinsam in Obhut unseres lieben Kardinals unsere Mission. Menschenfänger wurden wir genannt. Die Bevölkerung kam in Strömen, und ihre hungrigen Seelen wurden befriedigt. Nach und nach erreichten wir immer mehr Menschen. Die Einweihungsriten waren schwierig. Es wurde den Antragstellern alles abverlangt. Sie spielten Priesterporno-Memory, mussten den Weihnachtskuss lernen und den Unter-schied zwischen Sünde und Bubenspielen. Nachdem sie die Prüfungen bestanden hatten, wurde ihnen die Gnade zuteil, vor unserem verehrten Herrn Kardinal in die Knie zu gehen und ihm von nun an zu dienen. Dies ist meine Geschichte, wie ich zum Glauben fand und mich der Ruf erreichte. „Ad augusta per angusta" (Durch die Enge zum Erhabenen) – Die Freude sei mit Euch!

IN MEINER ERINNERUNG TUN SICH WELTEN AUF, wenn ich an das Schönste denken soll. Doch wenn ich den schönsten Diamanten unter allen Edelsteinen wähle, dann wäre dies mein Glanzstück. Die Zusammenkunft der H.A.P.P.Y-Generationen beim unübertrof-fenen Meisterstück: „Lagerhouse". Allein der Name löst in mir eine Flut an Bildern und Szenen aus, und in meinem Inneren kann ich sie immer noch hören – die Musik der Vollendung. Klänge, neu, einzigartig und unvergleichlich und doch so, als hätte jeder diese Töne schon immer in sich getragen. Schon bei den Vorbereitungen spürte ich die tiefe Verbundenheit der vielen H.A.P.P.Yianer, die durch die Zeit hinweg strahlten und sich zu einem letzten großen Schöpfungsakt zusammentaten. Als ich hörte, welche Rolle ich übertragen bekam, konnte ich mein Glück gar nicht fassen, ich war Jacques de Bascher – die Muse des Ge-nies. Diese Rolle veränderte mein Dasein, und von nun an traute ich mich, meine Stimme vor allen zu erheben. Ich war ein pars pro toto, ein Teil vom Ganzen. Die Gesamtheit des Ensembles war überwältigend, und niemals werde ich die langen Pro-bennächte vergessen, in denen wir uns einander offenbarten. Jeder trug zum Wohle der Sache seines bei. Jede Fähigkeit, die benötigt wurde, hatte einen Träger, und jede Herausforderung wurde gemeistert. Vor allem die Aufführungen beim Donaufestival sind mir unvergessen. Die Begeisterungsstürme des Publikums, die wundervollen Kritiken in den Medien und die Verbun-denheit der liebgewonnenen Freunde bleiben auf ewig ein Schatz in meinem Herzen. **ARMIN AUTZ**

„Die Einweihungsriten waren schwierig"

LODENDESSOUS-MODENSCHAU

ICH GLAUB, ICH WAR GANZ AM ANFANG DABEI.
Die ersten Erinnerungen sind Thomas als Pinguin oder der Brand der Wiener Hofburg von und mit der unvergesslichen Jennifer aus den Vereinigten Staaten.

MEIN SCHÖNSTES HAPPYNING war die Fetischmodenschau. Ich musste mit arschfreier Hose auf die Bühne, und alle haben gekrischen. Erst hab ich mich nicht getraut, weil der versprochene Kimono bei Frau Fellner im BH verschwunden war. Dann hat mich Thomas auf die Bühne geschubst. Gummistiefel, Quietsche-Entchen und Federboa, ein fast untypisches H.A.P.PY-Kostüm, weil ohne Plüsch. Die Weihnachtsfeier im Kursalon Hübner hab ich auch sehr genossen. Davon waren Fotos von uns im NEWS, und meine Eltern haben sie gesehen. Sie fanden es irgendwie verrückt und lustig und haben gelacht, als ich ihnen erzählt habe, dass ich auch dabei war. **ARMIN DOBERNIG**

CHILISAMMLUNG SCHOTENBERG

PUDELFRISIERMEISTERSCHAFT

JAHRESVORHERSAGEN

SCHWEINEPRIESTERSEMINAR
MIT PRIESTERPORNOMEMORY

#40 / SILVESTER-
VORHERSAGEN

DAS SCHÖNSTE UND DAS EINZIGE H.A.P.PY, an das ich mich einigermaßen deutlich erinnere: Silvester in der Fluc-Wanne, lebende Bilder. Möhrchentanz lernen, rauschende Kleider, Untenohnehöschen. Ich sitze mit gespreizten Beinen als Natascha Kampusch – und genieße die Publikumsgeilheit. Sogar zum Hinschreiben find ich's peinlich. War aber so.

DIE GRÖSSTE HERAUSFORDERUNG war eigentlich immer, überhaupt mitzumachen.
KATRIN TRAUNFELLNER

DAS BESTE: HAPPY-AIRLINES war eine klassische H.A.P.PY- Kombination von ambitionierter Idee, punktgenauer Planung, kreativer Ausführung, glatter Bandenzusammenarbeit und unglaublichem Spaß. Ich habe immer noch die Bordkarte.

DAS SCHLIMMSTE: BEI EINEM SILVESTER-H.A.P.PY als flauschiger Penis verkleidet vor Publikum Frl. Stulle am Klavier zu Oasis' „Wonderwall" zu begleiten, ohne wirklich geübt zu haben oder Klavier spielen zu können. **MARTIN BÜBCHEN HOVEZAK**

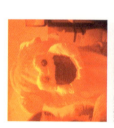

STRASSENSTRICH MIT ZUHÖRNUTTEN

DIE OUTING-USCHI OUTET DICH

MEIN ERSTES H.A.P.PY war wohl der erste Mauerblümchenball in der Blue Box – nach dem legendären Weihnachts-H.A.P.PY Fräulen Stulle mit Madame Trulala: ein echtes Erlebnis. Spannend, lustig und ein großartig gelebtes Anti-Opernball-Statement.

DAS BESTE: DIE WAHL ZUM „TOLLSTEN DING" vom Heldenplatz" und die Woche gleich darauf die Wahl zur Miss H.A.P.PY '95 (die beste Woche meines Lebens!).

DIE HOME-STORY IM BUCH „Haare am Po Po YEAH!" war eine Herausforderung: Das Leben der Miss HAPPY 95 – 7 Jahre danach. Inklusive Fotoshooting am Straßenstrich entlang der Felberstraße. Inklusive Anmache von Fernfahrern. **GERIN TRAUTENBERGER**

EIN TAG MIT DER MISS HAPPY 95!

MISS HAPPY

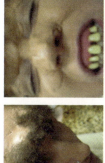

WÜRSTEL DRÜCKEN DICH

DAS MUSEUM DER ERSATZ-
FLÜSSIGKEITEN: PISSSPIELE

„Meine Aufgabe war es, blaue Flüssigkeit zu pieseln"

DAS SCHÖNSTE HAPPYNING war das mit den Neandertalern, die sich als Mutprobe mit Steinen auf den Hodensack schlagen und darum ausgestorben sind.

DIE GRÖSSTE HERAUSFORDERUNG? Ganz klar: das mit den Ersatzflüssigkeiten. Da musste ich mich konzentrieren wie noch nie in meinem Leben, und trotzdem ist es passiert, das Malheur. Meine Aufgabe war es, blaue Flüssigkeit zu pieseln, so wie in der Werbung. Ich pinkelte direkt auf den Kopf von meinem Kollegen Thorwald van Brock. Weil es aber nur Ersatzflüssigkeit war und kein echtes Pipi, war das ein großer Spaß für alle Beteiligten. Erst als das Bier seine Wirkung zeigte, wurde es Ernst. Ich musste mich sehr stark konzentrieren, nichts zu verwechseln. „Am Klo das Echte, auf der Bühne die Ersatzflüssigkeit", sagte ich mir immer wieder sehr laut vor. Und da ist es passiert: Ich komme durcheinander und pinkle doch glatt die blaue Flüssigkeit ins Klo. Welch Glück, dass es nicht genau umgekehrt passiert ist, meinte der Thorwald und lachte. Wenn der wüsste! **CHRISTIAN BEZDEKA**

WARUM SIND DIE NEANDERTALER AUSGESTORBEN?

261

MEIN ERSTES H.A.P.P.Y war ein Sommer-H.A.P.P.Y im Volksgarten Dancing (oder heißt das Banane?). Es waren ziemlich wenig Leute da, doch dann tanzten plötzlich einige wild kostümierte Menschen um ein blau schimmernd von innen beleuchtetes Camping-Zelt herum, das – wie ich später erfuhr – ein extraterrestrisches Raumfahrzeug darstellen sollte. An den Titel des H.A.P.P.Ys kann ich mich leider nicht erinnern, wohl aber daran, dass ich fortan zu den Leuten gehören wollte, die mit ihrer außerirdischen Camping-ausrüstung auf dem Heldenplatz gelandet waren.

DIE FRAGE NACH DEM TOLLSTEN HAPPYNING IST SCHWIERIG, da die H.A.P.P.Ys ja nicht nur Aktion, sondern auch Party mit immer sehr guten DJs und guter Musik waren. Für mich ist die schönste H.A.P.P.Y-Erinnerung nicht mit einem einzelnen H.A.P.P.Y verbunden, sondern es ist vielmehr die besondere Stimmung in dem Moment, in dem alle Vorbereitungen abgeschlossen waren (es wurde ja alles immer im letzten Moment fertig ...) und bevor die Türen des Saals aufgemacht wurden, die plötzliche Ruhe und gleichzeitig gespannte Erwartung, der Moment des Innehaltens, bevor man von der Nacht verschlungen und erst im Morgengrauen wieder ausgespuckt wird.

CHRISTIAN DENZER

„der Moment des Innehaltens, bevor man von der Nacht verschlungen und erst im Morgengrauen wieder ausgespuckt wird ..."

MEIN ERSTES H.A.P.PY, zumindest das erste, an das ich mich erinnern kann, war zu Silvester 96. Als damals 13-Jährige habe ich immer noch sehr bildlich die Plüsch-peniskostüme vor Augen, die bei dem schönen Häschentanz zum Einsatz gekommen sind.

ICH KANN MICH NOCH SEHR GUT AN DAS STEFFI-MUSICAL ERINNERN, den Text kenne ich immer noch auswendig: „Mädchen mit 'ner großen Nase sind 'ne Nasenlänge vorn ..." Alleine die Tatsache, dass das Ende dann ein paar Jahre später auch in Wirklichkeit passiert ist (Steffi hat André geheiratet!), war schon sehr toll.
SARAH PREUSTER

„STEFFI", DAS SCHLECHTESTE MUSICAL DER WELT

AUS DER BLUE BOX HATTE ich schon so einen lustig bunten Eindruck, aber als mein wahrlich erstes Mal würde ich ein H.A.P.PY im Volksgarten Pavillon nennen. Ich musste mich erst bei Plüschtieren reinschleimen, um Kosmetikproben zu erhalten. Von den Gewinnern wurden dann die zwei (die sich für Proben aus der Linie für sensible Haut entschieden haben!) erkoren, die weiter um den Hauptpreis kämpfen sollten. Letztendlich hab ich dann mit einem Kinderradio Karaoke gesungen und nach einer Publikumsab-stimmung gewonnen: eine sprechende Barbie! Ich war sooo stolz! Auf mich und Barbie! Aber definitiv das Beste an diesem Abend war, dass Thomas mich damals vom Fleck weg in die H.A.P.PY-Bande aufgenommen hat. So hat unsere Freundschaft begonnen.

UNNÖTIGSTE SUPERHELDEN DER WELT: EGGNOGGBOY (O.) & WOHNLANDSCHAFTSWOMAN

EINE LAUE SOMMERNACHT mit den unnötigsten Superhelden der Welt! Die Figuren waren so was von unfassbar bezaubernd – erst ein Stamperl Eierlikör von Eggnoggboy, dann ein kleines Plauscherl auf und mit Wohnlandschaftswoman, ein Tänzchen mit Discoeffectman und dann immer und immer wieder die vorsichtigen Annäherungsversuche mit Snailman ... Kaum hatte man ein paar Worte gewechselt, schwupps gings ab ins Schneckenhaus und ne schöne Schleimspur wurde gezogen, einfach entzü-ckend! Es war ein perfekter Abend an einem coolen Platz – einfach nur so, alles gut.
MARTINA MORAWITZ

COMPUTERSPIEL „KAKAMON"

BEI MEINEM ERSTEN H.A.P.P.Y TANZTE ICH als Geschenk verkleidet mit riesiger roter Schleife auf dem Kopf mit Gerhard und Thomas auf der Bar der Blue Box. Es war wundervoll und recht aufregend, nicht von der Bar auf die feiernden, mittanzenden Blue-Box-Gäste zu fallen, vor allem mit meinen quadratischen Formen. Das war auch meine größte Überwindung, für ein H.A.P.P.Y auf der Bar herumzuhüpfen, die ist recht schmal, und ich war noch ungeübt.

BEI EINEM H.A.P.P.Y SIND WIR ALS OSTERHÄSCHEN in einem Aquarium aus Folie herumgerutscht und haben uns in zu klein geratenen Kostümen mit duftendem Schokopudding beworfen. War so lustvoll! Die Gäste mussten über eine Brücke den Raum durchqueren und versuchen, nicht von uns angepatzt zu werden. Sie zu reizen war so spaßig ... Der Pudding wurde von Madame Claudia als karibische Karnevalskönigin in ein Töpfchen – sagen wir mal: – „gemacht".
EVCHEN SZIROTA

JESUSRIND, FISTKIND

BREAKDANCE-MEMORY

DOMINA-DAY

AM HÖHEPUNKT DES DJ-KULTS IN WIEN bespielten ca. 10 DJ-Settings den großen WUK-Saal, wobei sich hinter den für das Publikum identen DJ-Kanzeln nur eine wirkliche mit „richtigem" DJ verbarg. Hinter einem der Fake-DJ-Pulte durfte auch ich – ausgestattet mit Kopfhörern und Ausschussware vom Plattenladen Black Market – der Vorstellung frönen: ein angesagter, angehimmelter DJ zu sein, der den Saal zum Kochen bringt. Ein wunderbares Statement zu dieser Zeit.

DIE GRÖSSTE HERAUSFORDERUNG? Wahrscheinlich das Musical „Lagerhouse". Zumindest was die Nervosität betrifft unmittelbar vor der Welturaufführung beim Donaufestival in Krems. Die meiste Überwindung glaub ich war es, kübelweise kalten Schokopudding auf dem Körper verteilt zu bekommen bzw. mit diesem beworfen zu werden. Klingt fürs erste auch nicht so schlimm. Aber es wurde wirklich sehr kalt mit der Zeit und die „Pudding-Schlachten" wurden immer wilder. Name der Aktion war „Scheiß auf den Osterhasen". Lustig: Ich glaub, es war das einzige H.A.P.P.Y, bei dem nachher wie beim Schulturnen ausgiebiges gemeinsames (etwas schüchternes — weil ohne Trennwände) Duschen angesagt war. **CHRISTIAN MOSER**

„Manche Happynings hab ich wie Bergbesteigungen in Erinnerung"

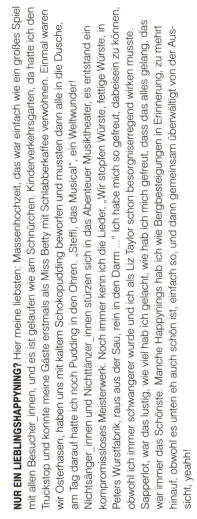

NUR EIN LIEBLINGSHAPPYNING? Hier meine liebsten: Massenhochzeit, das war einfach wie ein großes Spiel mit allen Besucher_innen, und es ist gelaufen wie am Schnürchen. Kinderverkehrsgarten, da hatte ich den Truckstop und konnte meine Gäste erstmals als Miss Betty mit Schlabberkaffee verwöhnen. Einmal waren wir Osterhasen, haben uns mit kaltem Schokopudding beworfen und mussten dann alle in die Dusche, am Tag darauf hatte ich noch Pudding in den Ohren. „Steffi, das Musical", ein Weltwunder! Nichtsänger_innen und Nichttänzer_innen stürzen sich in das Abenteuer Musiktheater, es entstand ein kompromissloses Meisterwerk. Noch immer kenn ich die Lieder, „Wir stopfen Würste, fettige Würste, in Peters Wurstfabrik, raus aus der Sau, rein in den Darm ..." Ich habe mich so gefreut, dabeisein zu können, obwohl ich immer schwangerer wurde und ich als Liz Taylor schon besorgniserregend wirken musste. Sapperlot, war das lustig, wie viel hab ich gelacht, wie hab ich mich gefreut, dass das alles gelang, das war immer das Schönste. Manche Happynings hab ich wie Bergbesteigungen in Erinnerung, zu mehrt hinauf, obwohl es unten eh auch schön ist, einfach so, und dann gemeinsam überwältigt von der Aussicht, yeahh!

HERAUSFORDERUNGEN WAREN „Steffi, das Musical" und der Film „Felicidat, Dornenwege zum Glück", weil ich mir da ganz, ganz sicher war, dass ich nicht tanzen, singen und schauspielern kann, woran sich auch nichts geändert hat. Für diese Bedenken gab es allerdings keinen Raum, weil ich dann schon eingeteilt war und Nichtkönnen das Konzept war, und darin war ich dann wieder gut. **ANGELA SALCHEGGER**

DIE WAHL ZUR NEUEN „PRINZESSIN DER HERZEN"

SPIELFILM „FELICIDAT, DORNENWEGE ZUM GLÜCK"

MEIN SCHÖNSTES H.A.P.P.Y- ERLEBNIS war das Tanzturnier. Wir wurden in glänzende Roben gesteckt, bekamen einen Crashkurs im Posen und standen auf dem Parkett. Mein heiß geliebter Partner seit dem Endlosschleifeneujahrswalzer war der süße Christian Moser, dem leicht schwindelte, der aber trotzdem tapfer den Kampf „Beine mit/gegen Rhythmus" aufnahm. Nach Pirouetten meinerseits schien Christian manchmal in Luft aufgelöst und stöhnte hin und wieder leise vor sich hin. Eifrig bemühte er sich, meinen Tipps zu folgen, was nicht viel brachte, denn es wurden immer gänzlich andere Rhythmen gespielt als angesagt. Als mein Tanzpartner seinem immer stärker werdenden Fluchtinstinkt und einem weiteren menschlichen Bedürfnis nachgab, trat der Springer Christopher an seine Stelle, und ein tänzerisches, spielerisches Wechselspiel und Feuerwerk an dramatischen Gesten begann, das uns schließlich den Sieg einbrachte. Bis heute kann ich keinen Zusammenhang zwischen dem Gewinnen und der Tatsache erkennen, dass beide Schatzis der Protagonisten in der Jury saßen. Denn: Wir waren wirklich super! Die Visitenkärtchen mit „Tanzweltmeisterin" hab ich auch noch und ich bin stolz drauf! **MARTINA DANZL**

TURNIERTANZMEISTERSCHAFT DER FROTTEURE

#42 / WAS HÄLT DER NIKOLAUSATOR FÜR DICH BEREIT?

MEIN SCHÖNSTES H.A.P.P.Y WAR, ALS IM WUK VOM EINGANG bis in den großen Saal eine Geisterbahn aufgebaut war. Ich war damals als Gast da und wurde von Fräulein Stulle in ein kleines Wägelchen gesetzt und an einem Seil weitergezogen. Oder die Heiligen, über die die Kirche nicht gerne spricht. Oder der Gemüsestreichelzoo. Oder die Passion Christi als Ballett. Aber schön waren sie alle.

HERAUSFORDERUNG? EINDEUTIG S.O.A.P: Ich dachte, ich hätte zugesagt, Kostüme zu machen, aber dann stellte sich heraus, dass „Kostümbildnerin" eine Bühnenrolle war … **PARSIA KANANIAN**

„PASSION CHRISTI"-BALLETT

THURSDAYTHING # 1, 3 & 7

DIE NICHTSAHNENDEN BLUE-BOX-BESUCHER, die eigentlich nur ihren Post-Achtziger-Frust wegtrinken und dem Rock'n'Roll beim Sterben zuhören wollten, mussten sich am Blue-Box-Eingang an einem alten, beim Abtauen abgestochenen Kühlschrank vorbeizwängen, der mit einem roten Scheinwerfer beleuchtet war – sonst war es bis auf das Licht, das durch die Fenster von der Straße hereinfiel, recht dunkel. Manche waren dankbar ob der Abwechslung, manche hielten das aber für Kunst und waren deshalb verängstigt und verstört. Das war das erste H.A.PPY, obwohl erst ein paar Wochen später klar war, dass das H.A.PPY „H.A.PPY" heißt. Es war so oder so ähnlich.

DAS SCHÖNSTE WAR AUCH IN DER BLUE BOX, im Hochsommer. Der zweite Raum war mit einer riesigen angemieteten Hüpfburg ausgefüllt, die sämtliches Budget verschlungen hatte. Das sah sehr schön aus, obwohl es kaum jemand gesehen hat, da nur wenige Gäste Lust auf verrauchte Sauna hatten. So hatten wir eine Hüpfburg für uns ganz alleine und hüpften die ganze Nacht. Ich war nachher nie wieder in einer Hüpfburg. **JOCHEN FILL**

SEHR SCHÖN WAREN DIE SONGCONTESTS mit dem Carl-Torf-Orchester. So ... real irgendwie, wie im echten Leben, oder im echten Songcontest. Und ich war, so weit ich mich erinnere, eine Art Nummerngirl im engen Silberglitzershirt auf der Bühne. Und natürlich der Sommer mit „Felicidat" – ein paar hollywoodreife Wochen voll cinematografischem Glamour, Stars, Zicken, Freunden und Hollywood eben. Das Leben hatte plötzlich auch für einen 20-Jährigen Sinn und gipfelte in der Buchpräsentation des Prequels zur Telenovela als Lesung mit verteilten Rollen im hochseriösen Literaturhaus, wo wir als kolumbianische High Society verkleidet beim Lesen zerstampftes Aspirin auf der Bühne schnupften. Mann, das brennt in der Nase!

HART WAREN DIE WINNETOU-, KARL-MAY- ODER KARL-MATSCH-FESTSPIELE in der Krieau, oder wie die hießen. Weniger der original arschfreien Chaps wegen als weil es ein echt arger Gelsensommer war. Beim Warten auf den Auftritt im Gebüsch komplett zerfressen zu werden, dabei ist, glaube ich, jedem alles vergangen. Und schlechtes Wetter war auch noch! **MICHI HAFNER**

DAS CARL-TORF-ORCHESTER

VOR MEINEM ÜBERHAUPT ERSTEN MAL H.A.P.PY hatte ich schon einiges über das eigenwillige Clubbing gehört. Alex und René waren schon bei mehreren Happynings dabeigewesen, und ich habe ihren Schilderungen mit Verwunderung und Neugierde gelauscht. Es muss im Herbst 2009 gewesen sein, das Thema des Abends war „90ies Poetry Slam", als ich das erste Mal ins Wuk kam, um ein H.A.P.PY zu erleben. Die Auswirkungen waren nachhaltig. Überraschenderweise kam es, dass ich mich auf die Liste der Teilnehmer des Poetry Slam gesetzt habe. Irgendwo in mir schlummert eine Rampensau, die sich trotz meines im Prinzip zurückhaltenden Wesens manchmal an die Oberfläche kämpft. Und so muss es an jenem Abend, meiner Jungfernfahrt ins H.A.P.PY-Universum, gewesen sein. Ich fand mich mit Zeilen aus „All That She Wants" auf der Bühne wieder. Herr Tomtschek hatte den ersten Preis unterm Arm: den Koko Dschambo, wohl ein Cousin von Herrn Rosi, den er selbst gehäkelt hatte. Es war Liebe auf den ersten Blick: Unbedingt wollte ich diesen braunen Gesellen mit Knopfaugen und blauer Spaghettifrisur, dem man als Special Feature eine knubbelige Wollwurst aus dem Hinterteil herausfummeln konnte, mit nach Hause nehmen. Es war eine bemerkenswerte Dynamik, die mich an diesem Abend erfasst hat. Ein seltenes Gefühl der wahnwitzigen Gewissheit, hier etwas gefunden zu haben, das man ungebingt beibehalten möchte. Erst war ich sehr nervös, ob mich Herr Tomtschek denn in den Kreis seiner Bande aufnehmen würde. Allein die Bereitschaft, sich auf die Welt seiner verrückten, vertrottelten, charmanten, ordinären, überdrehten Ideen einzulassen, hat gereicht. Ich war H.A.P.PY und bin seitdem dessen Bestandteil. Koko Dschambo sitzt jetzt übrigens auf meinem Balkon. Eine schöne Erinnerung, als ich ihn siegesstolz überreicht bekommen habe.

ZU DER ZEIT, ALS ICH ZU H.A.P.PY STIESS, hat sich H.A.P.PY vom House-Club zur Performancetruppe gewandelt. Theaterproben, Brainstorming, Kuchen backen, Choreografien lernen – das alles hat die Bande fast zwei Jahre lang auf Trab gehalten. Ich kann mir jetzt kaum vorstellen, wie ich das in meinem Alltag untergebracht habe. Genauso wenig, wie ich glauben kann, dass es nicht mehr zu meinem Alltag gehört. I miss the H.A.P.PY times. Es gibt nur ein einziges echtes Happyning, an dem ich teilgenommen habe. Es war ein Frühlingshappyning. Die Bande kostümierte sich als Blumen und Hummeln, Tina war eine Eisprinzessin, eine Eisheilige. Jedenfalls wurde durch das Zutun der Hummeln, Blumen und H.A.P.PY-Gäste aus der Eisheiligen eine Scheißheilige. Herr Tomtschek drückte uns eine Schüssel mit lehmig-brauner Masse in die Hand, während er selbst als riesiger Schneehase in den Ring trat, um sich von Freiwilligen vermöbeln zu lassen. Unterdessen verteilten wir aus der Masse geformte Würste und Haufen, mit der die Eisheilige in ihrem weißen Prinzessinnenkleid beschmutzt wurde. Leider ist die Masse, die wohl aus Haferschleim und Mehl bestand, mit der Zeit sehr hart geworden, und die blauen Flecken waren unumgänglich. Der Schneehase ist im Zuge der Ringkämpfe sogar einmal aus dem Ring gefallen, blieb aber ob der guten Polsterung unverletzt. **MARGIT EMESZ**

BUCHPRÄSENTATION MIT
SAILOR MOON

„... was Bärtiges hat gewonnen"

ES WAR EINMAL VOR NICHT ALLZU LANGER ZEIT in einem Wiener Kino im 6. Bezirk. Als ich damals durch die Eingangstür schritt, sah ich zum ersten Mal den Glanz des abgetakelten Kinos in einem neuen Licht erstrahlen. Es wird wohl auch dieses Licht gewesen sein, dass, warum auch immer, nicht mal Stephen Hawking könnte das mit der Zeit-Raum-Quasi-String-Theorie erklären, dazu beitrug, dass ich mich nur kurze Zeit später als Sailor Moon wieder fand, und das noch dazu auf einem Laufsteg. Der süße Törtchenbeigeschmack war nur eines. Am nächsten Morgen rief mich meine Mutter an und swiepte mir ins Telefon: „Warst du das gestern im TV? Du hättest dich wenigstens rasieren können!" Das muss wohl an den Törtchen gelegen haben, oder hat mir doch jemand Alkohol in meinen Alkohol geschüttet? **MOMO**

WAHL ZUR MISS H.A.P.PY

50 JAHRE BUSENHEER
LEISTUNGSSCHAU

ES MUSS EINE MISS-H.A.P.PY-WAHL gewesen sein, 2006 oder 2007. Meine Erinnerung an mein erstes H.A.P.PY: lustig, rauschig, wunderschön, und was Bärtiges hat gewonnen.

ES GAB UNZÄHLIGE IRRWITZIGE H.A.P.PYs, auf welchen ich mich so amüsiert hab. Spannend war es vor allem dann, als ich die Bande näher kennenlernte und sie mit S.O.A.P. ihren Höhepunkt erreichte. **ALEXI PELEKANOS**

#43 / KOMM IN
DEN „CIRQUE DE 2D"

DENG-XIAO-PING-MEMORIAL-
MINIGOLFBAHN

MEIN GOTT, mein Leben war ja an H.A.P.P.Ys nicht gerade arm. Das müsste in der Blue Box gewesen sein. Ich war Gast, hatte mit dem Happytreiben noch gar nichts zu tun, außer dass ich mit Thomas befreundet war. Worum es damals ging? Ich weiß nur noch, dass die Blue Box mittels Plastikplanen in verschiedene Räume aufgeteilt war. Was sich da drinnen abgespielt hat? Keine Ahnung mehr. An mein erstes H.A.P.P.Y im Wuk dagegen erinnere ich mich besser. Das war das unvergleichliche Drag-Queen-Wrestling. Die Drags waren alle furchtbar hässlich.

ES GAB SO VIELE AUSGEZEICHNETE H.A.P.P.Y-IDEEN, die umgesetzt wurden, dass es für mich wirklich schwer ist, mich auf ein einziges festzulegen. Und ich habe verdammt viele H.A.P.P.Ys gesehen. Wann das war – den Zeitraum eines meiner besten kann ich nur schätzen. Irgendwann Mitte der Neunziger. Dürfte in selben Zeitraum stattgefunden haben wie das Deng-Xiao-Ping-Gedächtnis-Minigolfturnier. Gestorben ist der alte Deng ja 1997. Also um den Dreh herum muss auch dieses H.A.P.P.Y über die Bühne gegangen sein. **JAN PREUSTER**

„**. . . Die Drags waren
alle furchtbar hässlich**"

MEIN ERSTES H.A.P.P.Y WAR ENDE 1994. Ich war gerade nach Wien gezogen. Mein damaliger Begleiter wollte immer donnerstags in die Blue Box, nicht wegen der Housemusik, sondern wegen der H.A.P.P.Ynings. Bei meinem ersten H.A.P.P.Y wurde der beliebteste Gott gewählt. Zur Auswahl standen unter anderem Ganesha und Kurt Cobain. Ich war angefixt.

WAHL ZUM BELIEBTESTEN GOTT

270

vor meiner aktiven Zeit, als Gast erlebte, war H.A.PPY-Airlines. Man konnte mit einem Flugzeug vom ersten Raum in den zweiten fliegen. Wunderschön war aber, neben den Favelas von San Felipe, wo man zwischen Baracken in beiden Räumen ständig von Mitgliedern der H.A.PPY-Bande angeschnorrt wurde, und dem H.A.PPY-Altersheim, auch der H.A.PPY-Weihnachtsmarkt. Die Lebkuchenherzen mit den Aufschriften „Fut" und „Schwule Sau" fanden bei meinen Freunden in Deutschland großen Anklang. Außer Konkurrenz sind Sonder-H.A.PPY's wie das Weihnachtslieder-Singen mit Dagmar Koller im Palmenhaus oder das Promi-Boxen im Volksgarten. Dort schlüpfte ich auch zum ersten Mal in mein Alter Ego Schanin Schiller – beim Boxen unterlag ich Franz Antel, aber den größten Triumph erlebte ich bei einem H.A.PPY im Palais Auersperg, als ich mit dem Satz „Ich bin Schanin Schiller!" Einlass in den VIP-Bereich erhielt. Noch schöner war nur die H.A.PPY-Ausstellung in Prigglitz, die Schanin Schiller gemeinsam mit Charlotte eröffnete. **IRIS MEDER**

PROMIBOXEN MIT SCHANIN

AN MEIN ERSTES H.A.PPY kann ich mich nimmer wirklich erinnern. Ich war damals Stammgast in der Blue Box und irgendwie halt immer einfach da. Und da war dann halt auch diese komische Inszeniererei, die plötzlich an den Donnerstagen ins Wir-sind-so-cool-dass-wir-sogar-beim-Lachen- (wennesschiefgarnichtvermeidenlässtundwirnichtrechtzeitigindenkellerkommen)-bös-dreinschauen-Gehabe reinrutschte: Seltsame Plüschwesen auf Schaukeln, die so knapp über die Bar fegten, dass man seine Drinks besser nicht abstellte, waren – glaube ich – der Anfang. Und das metastasierte dann eben. Im Raum und mit den Leuten.

HAPPYNINGS WAREN PER SE EINE HERAUSFORDERUNG. Weil es immer auch darum ging, sich von dem, was man sich aus Coolnessgründen selbst auferlegt hatte, zu verabschieden. Also die eigene Unsicherheit zu überwinden: Es war – bei allem Spaß – immer auch ein bisserl das Spiel, sich selbst dort herauszufordern und zu überlisten, wo man selbst am unsichersten war. Wo man sich nicht drübertraute. Was einem peinlich war. Oder was eigentlich gar nicht ging: Etwa in Lycra-Hose, mit Kelly-Family-T-Shirt und Metall-Perücke vor 800 bis 1000 Leuten das Prolo-Gogo an der Stange zu geben, während man tagsüber hochseriös für die rosa Qualitätstageszeitungen das innenpolitische Geschehen des Landes beschrieb und sogar kommentierte – derlei zu kombinieren war spannend. Aber auch lehr- und hilfreich. Vielleicht ja auch eine Therapie. Es machte das angeblich „seriöse" Kasperltheater nämlich erträglicher. Genauer: überhaupt erträglich. **THOMAS ROTTENBERG**

NEUGEBORENENSTATION

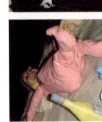

DER RUSSISCHE ELVIS

ICH WUSSTE NICHT SO RECHT, was ich da beobachtete in der Blue Box. Da hing jemand im Astronautenanzug von der Decke, und die Leute, die hereinkamen, wunderten sich ein wenig, ließen sich aber nicht weiter stören.

DIE NEUGEBORENENSTATION IST MEIN LIEBLINGS-HAPPYNING.
Wir waren Babys, lagen in Spitalsbetten und wurden von den Besuchern mit Bier gefüttert. Fremde Menschen kamen vorbei, lächelten einen an, streichelten über den Kopf und gaben Fläschchen. Dass im Fläschchen Bier statt Milch war, machte die Sache noch angenehmer. Das hätte ich gerne auch länger dauern können. **CLAUS TIEBER**

ICH BRING JA ALLES SCHON DURCHEINANDER IN MEINEM ALTER. Es war auf jeden Fall eines der ersten H.A.P.P.Ys, die damals in der Blue Box stattfanden, war es das Carl-Torf-Orchester oder das Gogoschaukeln oder doch das mit den Schmalzbröttchen oder ...das ... oder das ... oh my brain hurts! Na ich nehm mal das, wo ich den ganzen Abend durchgehend in der ärgsten Hitze als Cowgirl mit Peitsche und original Stetson-Hut schaukeln durfte. Das war schon beeindruckend, von oben zu beobachten, wie sich einen Abend lang die Menge rein- und rausquetschte, unpackbar, dann die Polizeibeamten, die sich in Richtung Bar vorkämpften, Gott sei Dank haben die nie ihren Blick nach oben gerichtet, die hätte wahrscheinlich der Schlag getroffen, bis die weg waren, hat dann einer der Kellner meine verzweifelten Handzeichen deuten können. Er hat mir die Leiter gebracht, Gott sei Dank, sonst hätte ich noch auf die Masse gepinkelt oder auf die Polizei!

MIR IST JA BEKANNTLICH WENIG PEINLICH GEWESEN damals, und ich habe H.A.P.P.Y immer als moderne Form der Gruppentherapie betrachtet. Aber das H.A.P.P.Y, wo ich Pudding aus dem Popo produzieren sollte, also so tun als ob, weil in echt kann ich das ja nicht, also das war schon etwas schambesetzt bei mir. Obwohl die bunten Staubwedel, die ich als puddingproduzierende Sambista als Kostüm tragen durfte, superschön waren. Das Pudding-Schlamm-Catchen hat dann alles wieder wettgemacht, und ich habe dadurch meine Analphase aufarbeiten können. Seitdem kann ich auch töpfern und so. **CLAUDIA FELLNER**

„...ich habe H.A.P.P.Y immer als moderne Form der Gruppentherapie betrachtet"

„PASSION CHRISTI"-BALLETT

ALLEINUNTERHALTER-WM

DIE ZUKUNFT VORAUSSAGEN
(AUS SCHEISSE)

EIN SEHR SCHÖNES H.A.P.P.Y WAR DER FALSCHE, ABER ALS OFFIZIELL AUSGE-GEBENE VIP-EINGANG (von furchterregenden, sehr großen Transen mit riesigen Gästelisten bewacht), der die selbst ernannten VIP's nach dem Betreten durch einen Zaun getrennt rund um die Tanzfläche führte und anschließend im Glauben, nun in den Backstage-Bereich zu gelangen, wieder in den Wuk-Hof bugsierte. Sehr schön fand ich auch „Die Passion Christi – das Ballett", weil ich als Jesus ein rosa Tutu UND ein Kreuz (Christopher) tragen durfte! Und die Blutstropfen hatten One-Piece-Ganzkörper-(ja, bis über den Schei-tel)-Kostüme an und tanzten, glaube ich, ökumenisch. Bibel-Bingo fand ich auch toll, denn da konnte ich faul zwischen dem Esel und dem Josef herum-liegen, musste nur ab und an die Bingokugeln aus meinem Schaufensterpup-pen-Unterleib schieben und konnte immer die Bingo-Freudentaumel der Gewinner und Gewinnerinnen, die direkt vor mir saßen, miterleben.

MEIN SCHLIMMSTES H.A.P.P.Y war, glaube ich, die Alleinunterhalter-Weltmeister-schaft. Völlige Gehirnerweichung, nachdem ich zwei Stunden lang in meiner Koje „One" aus „A Chorus Line" zum Besten gegeben habe. Außerdem hat der Schnauzer gefusselt, und Witze erzählen ist auch nicht unbedingt meine Leidenschaft. **IRIS LANDSGESELL**

DIE WAHL ZUM GEGENPAPST

TRANSMANIA

273

AUF MEINEM ERSTEN H.A.P.PY WAR ICH MIT ZWEI FREUNDINNEN beim Bibel-Bingo mit Herrn Jonas im Wal. Unvergessen sind mir die sexy Hostessen, die uns an der Treppe den Weg hinauf in den Wal zeigten. Im Wal nahmen wir unsere Plätze ein, und dann ging es auch schon los mit dem Bingo. Essen gab es, glaube ich, keines an Bord im Wal. Meine eine Freundin ist recht ehrgeizig, und irgendwie hat sie es geschafft und gewonnen. Der Preis war eine weiße Sphinx aus Porzellan. Spektakulärer Einstand. Erst Jahre später habe ich erfahren, dass das mit dem Bibel-Bingo im Wal nicht nur für uns Gäste, sondern auch für die H.A.P.PY-Bande ein Nervenkitzel war, brandschutztechnisch und so.

DIE H.A.P.PY-LIGHTS IM SOMMER waren eine Riesenherausforderung. Weil da kam zum Stammpublikum ein uns fremdes Publikum von der WU, Puls 4, Passage und der Summerstage. Diese uns fremden Leute trugen auch nachts Sonnenbrillen, hatten silberne Gürtel zu weißen Jeans und verstanden uns so wenig wie wir sie. Doch wir mussten gute Miene zum bösen Spiel machen. Ich meine, sie hatten keine Idee, was das hier war, und Tomtschek drängte uns stets, die Leute zum Mitmachen zu animieren, weil oft nur wenig Leute da waren. Das war Animation hardcore. Der Herbst mit dem Stammpublikum war dann wie eine Erlösung. **MARTINA FRÜHWIRTH**

OHNE HOSE BEI DER ROMIGALA

#44 / ANIMIERDAMEN UND -HERREN

DAS ERSTE HAPPYNING MEINES LEBENS war definitiv eine Miss-H.A.P.PY-Wahl. Ich kann mich deshalb noch genau erinnern, weil mich ein Freund mitgeschleppt hat, und ich natürlich keine Ahnung von dem Laufsteg beim Eingang hatte, und – plopp! – steht man mitten auf dem Catwalk; und das vor der Zeit von Heidi Klum und Germany's Last Topmodel. Leider machte ich keine gute Pose und die Jury verteilte keine Lorbeeren. Trotzdem hat sich H.A.P.PY dadurch sofort

WAHL ZUM TOLLSTEN DING VOM HELDENPLATZ

BIBELBINGO

DAS SCHÖNSTE HAPPYNING FAND ICH JENES, wo ich spontan als Verwandte von Lady Gaga engagiert wurde. Ich glaube, ich war Lady Lulu oder Lady Pipi; genau kann ich mich leider nicht mehr erinnern. Mein Kleid war umwerfend, war es doch von oben bis unten mit kleinen gefüllten Kathetersäckchen (gefüllt!) behangen, so konnte ich durch meine anmutige Art alle Gäste umgarnen und ihnen hautnah bei der Lösung der Verwandtschaftsverhältnisse rund um Lady Gaga behilflich sein. Ich habe leider vergessen, ob Lady Mumu meine Schwester oder Tante ist. **ANDREAS FINK**

„... mein Kleid war umwerfend...“

MEIN SCHÖNSTES HAPPYNING war ein Silvester-H.A.P.P.Y. im Fluc. Da wurden nichts ahnenden Partygästen von Häkelschweinen im Smoking mit Skalpellen die Gedärme herausgenommen. Anschließend sagten Celebrities wie Schanin Schiller, Natascha Kampusch oder Alfons Haider anhand der Innereien die wichtigsten Ereignisse des kommenden Jahres voraus.

DAS HAPPYNING MIT DER GRÖSSTEN ÜBERWINDUNG: Das war eigentlich kein H.A.P.P.Y, sondern ein Drehtag in Weiden am Neusiedler See für das bis jetzt noch unveröffentlichte „Indische Lesbendrama". Wir drehten an dem Tag in einem dieser kleinen Kanäle durch das Schilf, und ich musste für eine Szene in das graubraune Wasser steigen, um das Surfbrett des Hauptdarstellers zu fixieren. Als ich ins Wasser glitt und schließlich mit den Füßen den weichen Schlamm berührte, stiegen langsam extrem stinkende Bläschen von 1000 Jahre alter Kacke (so roch es zumindest) auf. Ich weiß nicht genau, wie viele Stunden (oder waren es nur Minuten?) ich da drin stehen musste. Aber es war eine gefühlte Ewigkeit. Ich hoffe, dass der Film noch mal irgendwie fertig gestellt wird, damit das nicht völlig umsonst war! **WERNER LEINER**

GLÜCKSSCHWEINDERLS RACHE

INDIENFILM, DREHARBEITEN

ES WAR DIE DENG-XIAO-PING-MINIGOLF-GEDENKBAHN. Ich besuchte das H.A.P.PY als Gast und war völlig aus dem Häuschen, als ich hinter dem schwarzen Vorhang direkt am Housefloor diese Minigolfanlage gesehen habe.

VORBEREITUNGSTECHNISCH, WÜRDE ICH SAGEN, WAR DIE HERAUSFORDERUNG DEFINITIV DAS „STEFFI!?"-Musical. Der Bühnenhintergrund wurde etwa 15 Minuten vor der ersten Vorstellung fertig. Überwindungstechnisch war es wohl das Sommer-H.A.P.PY im Wuk-Hof, als wir Wespen waren und aus den Bechern der Gäste mit Strohhalmen tranken.
MARKUS TÄUBLER

WESPENPLAGE

KARL LAGERFELD UND AMY WEINHAUS sangen sich gegenseitig in Krems am Klo zu. Ich war sehr berührt von der Musik und den Tanzeinlagen. Vor allem die Schirmmützen und Hotpants in Kombination mit La-La-Lalalala sind eine audiovisuelle Endlosschleife in meiner Erinnerung. Erst danach lernte ich die H.A.P.PY-Truppe persönlich kennen, und alle waren extrem freundlich und stellten sich schneller vor, als ich meinen Namen sagen konnte. Das hat mich nachhaltig fasziniert, dass so berühmte Leute doch so freundlich sein konnten!

BEI DER WAHL ZUR MISS H.A.P.PY nicht in Drag aufzutauchen, war die größte Herausforderung. Wir wären zu spät dran gewesen. … Vielleicht. **TOBE MAYR**

„ . . . alle waren
extrem freundlich "

#45 / WIE DIE HUMMEL ZUM BÄR KAM (@OKTO/SENF)

INDIENFILM, DREHARBEITEN

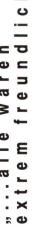

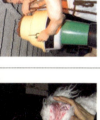

MATROSEN, STRICKLIESL

MEIN ERSTES H.A.P.PY DAS WAREN DIE ZEUGEN JEHOVAS IN DER BLUE BOX, glaube

ich; in dem Zusammenhang passt „glauben" sehr gut. Beeindruckend waren die Masken der H.A.P.PYianer, und sie waren so gruselig in ihrem Verhalten wie echte „Wachturm-verkäufer".

MICH HAT KEINES DER H.A.P.PYS ÜBERWIN-DUNG GEKOSTET, denn ich war jung, wild

und dumm und wollte mich einem großen Publikum präsentieren, und das ging am besten bei H.A.P.PY, „Big Brother" oder „Bauer sucht Frau" etc., so etwas gab es ja damals noch nicht. Aber am anstren-gendsten war das Geisterbahn-H.A.P.PY – körperlich. Ich war in dem Fette-Frau-Kostüm (sehr schmeichelhaft, eines meiner Lieblings-kostümchen) und musste mit einem Strick die Geisterbahnwägelchen ziehen.

Aber meine Muskeln haben nicht schlapp gemacht, und das fette Frauenkostüm war nach einer Stunde klatschnass geschwitzt und nicht mehr fleischfarben, sondern steakfarben blutig. **JOHANNA SABLATNIG**

MOSHAMMER GEDÄCHTNIS SCHREIN (MIT DAISY)

HUNDERENNEN IN MASCOTT

ENTCHENMEISTERSCHAFTEN

HUMMEL OLGA SINGT FÜR DICH

FOTOFÄLSCHEREI

DAS ERSTE H.A.P.P.Y? HMMM, LANGE HER.

Damals kannte ich noch kein H.A.P.P.Y-Banden-Mitglied, aber eines Abends hat es mich ins Wuk verschlagen. Ich wusste noch nicht, was auf mich zukam, und dachte, es ist halt wieder so ein normales schwules Clubbing. Ich betrat den kleinen Raum, wo schon viel los war, streifte durch die dicken Vorhänge in den großen Raum und dachte mir nichts. Einige Augenblicke später entdeckte ich eine aus Pappe gebaute Hütte oder Höhle, in der immer wieder Leute verschwanden und lachend wieder herauskamen. Ich dachte mir, da muss ich auch rein. Drinnen angekommen fand ich mich vor einer Kamera wieder, und zwei nette Typen erklärten mir, dass ich Fühler und einen Papp-Bienenkörper bekäme und vor laufender Kamera so laut summen sollte, wie ich nur konnte. Irgendwie so wie eine Biene beim Orgasmus. Da ich nicht mehr ganz nüchtern war, war ich von der Idee begeistert und summte so laut und in voller Ekstase los. Einige Minuten später ging ich mit meinen Fühlern am Kopf, die ich mir behalten durfte, wieder hinaus und erzählte meinen Freunden von meinen Erfahrungen in der Hütte. Diese lachten sogleich los, weil ich plötzlich auf der großen Videowall zu sehen war und dort mein Bienenliebesspiel mimte. Ich werde diesen Abend nie vergessen, da es echt ein super lustiger Abend war.

GROEG OEL

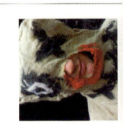

ICH KANN MICH NUR NOCH AN DIE AKTION ERINNERN.

Es war „Analog Super Mario Bros", und ich war zu der Zeit noch nicht Teil der H.A.P.P.Y-Bande. Mario musste über eine Bühne gehen und dabei Hindernissen ausweichen und Gegner besiegen. Der Spieler ist vor der Bühne gesessen und hat mit einer Art Konsole Mario gelenkt. Mario wiederum hatte eine „Datenbrille" auf, in welche die Kommandos (springen, ducken ...) eingeblendet wurden. Ich war total begeistert von der Idee und der Umsetzung.

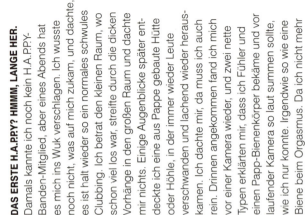

DAGMAR KOLLERS PRÄSENTATION ihrer

House-CD „Music & Wine" war schwierig. Da gab es eine Siegfried-and-Boy-Zaubershow, und ich war der Tiger. Ich kann mich nicht mehr erinnern, was ich genau machen musste, aber ich war in einem Nacktkostüm auf der Bühne. Das alleine wäre jetzt nicht so besonders – aber es war meine erste oder zweite aktive H.A.P.P.Y-Beteiligung, und wegen der Koller waren neben ORF und ATV auch noch RTL und Co. mit Kameras vertreten.

STEPHAN HAUPT

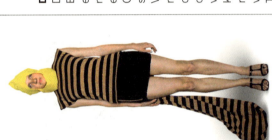

„noch nicht, was auf mich zukam"

MEGAMAN-WETTBEWERB

H.A.P.P.Y-LINEDANCE-ACADEMY

BEI MEINEN ERSTEN H.A.P.P.Ys 1997 als Mitt-Twen war ich spät-aber-doch flügge geworden und war so beeindruckt von der überbordenden Tanzmenge in der Wuk-Zappelhalle. So gab ich mich mit dem Gruppenzwang hin und wagte meine ersten zuckenden Ausflüge in Richtung Ausdruckstanz. Liedtechnisch begleitet von Michi Langes Deephouse-Feger, „Brothers Sisters", der noch immer durch meine Gehörgänge fegt und meine Füße grooven lässt. Aber als Ignorant erster Güte habe ich damals nicht einmal wahrgenommen, dass es da überhaupt H.A.P.P.Y-Aktionen gab. Das war Jahre später, kurz bevor ich dann mitmachen durfte.

HERAUSFORDERUNG? METHODE 1 WAR: NICHT-HINGEHEN, weil H.A.P.P.Y mit Gesang-/Tanz-/Alleinunterhalter-/Pantomime-Programm anstand. Blöderweise habe ich immer wieder die Ankündigung nicht wahrgenommen und ging „hin". Nun musste Methode 2 angewendet werden: All meine ersparten H.A.P.P.Y-DOLLAR-Millionen wurden an der Wuk-Bar gegen High Spirits gewechselt, sodass ich nach wie vor torkelnd-lallend-beschämende Auftritte hinlegte, aber mich wenigstens heute nicht mehr erinnern muss. **BORIS BLIZZ**

HERAUSFORDERUNG? DIE BÜCHER. Das erste war easy im Vergleich zu diesem hier: 320 Seiten, jede Menge Schnickschnack, unzählige Fotoshootings, Illus, Zeitdruck, Hochsommer, Schlaflosigkeit, Selbstzweifel. Aber der volle Spaß, wenn ich nicht immer wieder panisch die noch leeren Seiten zählen würde. Ob es wirklich jemals fertig werden wird? Und wird es nun das tollste Buch werden? ... für dich ... **EVA DRANAZ**

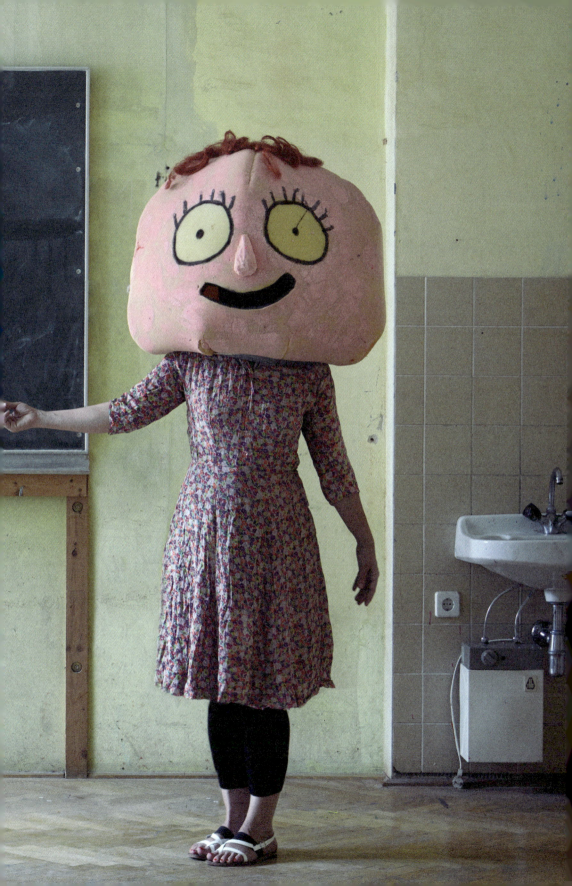

SOMETIMES H.A.P.P.Y

DER UNIVERSALKÜNSTLER THOMAS SEIDL, DER MANN, DER BEI H.A.P.P.Y TOMTSCHEK WAR
CHRISTOPHER WURMDOBLER

MAN KANN KEIN BUCH ÜBER H.A.P.P.Y MACHEN, OHNE DEN TOD INS SPIEL ZU BRINGEN.
DEN TOD VON TOMTSCHEK, DEM ZENTRALEN PLANETEN IM H.A.P.P.Y-UNIVERSUM, DEM CHECKER,
DEM MACHER, DEM KREATIVEN KOPF. ODER DEM MASTERMIND, WIE ES OFFIZIELL IMMER SO
SCHÖN HEISST. THOMAS SEIDL, DER MANN, DER TOMTSCHEK WAR (UND DER ES HASSTE,
WENN MEDIEN SEINEN WAHREN NAMEN BENUTZTEN), KAM BEI EINEM UNFALL IM NOVEMBER
2011 UMS LEBEN. SEITDEM IST NICHTS MEHR, WIE ES WAR. SEITDEM IST H.A.P.P.Y AUCH S.A.D.
TOMTSCHEK (DEN FREUNDE UND DIE BANDE STETS THOMAS NANNTEN*) HAT EIN RIESIGES LOCH
HINTERLASSEN. ABER ES IST EIN LOCH VOLL MIT SCHÖNEN ERINNERUNGEN, WUNDERLICHEN
VERSATZSTÜCKEN, ERSTAUNLICHEN KUNSTWERKEN, SELTSAMEN KOSTÜMEN, AUFREGENDEN
CLUBNÄCHTEN, EINER MENGE SPASSMATERIAL UND GLÜCKSGEFÜHLEN. UND DARAUS KANN
SICH JEDER SEIN H.A.P.P.Y-HAUS BAUEN. ODER EIN BUCH.

*HIER WERDEN BEIDE NAMEN VERWENDET

OMETIMES S.A.D.

Donaufestival Krems im Frühjahr 2008. In wenigen Minuten hat „Lagerhouse" Premiere,
und die Halle, in der das H.A.P.P.Y-Musical über Amy Winehouse und Karl Lagerfeld gezeigt
wird, gleicht einem chaotischen Ameisenhaufen. Emsig bastelt die Bande die letzten
Ausstattungsteile, näht Kostüme fertig, Musiker richten sich ein, check, check, Soundcheck.
Tomtschek ist auf der Bühne mit dem Akkuschrauber beschäftigt und im Gespräch mit
einem Haustechniker. Man lästert gemeinsam über eitle Regisseure und seltsame Künstler
im Allgemeinen. „So, jetzt muss ich mich umziehen", sagt Tomtschek schließlich, lacht
sein Lachen und lässt den verdutzten Techniker stehen, um Richtung Künstlergarderobe
zu gehen. Thomas Seidl ist alles, kann alles. Gleich wird er als Modekritikerin Anna Baci
auf der Bühne stehen – im rosa Kleid, mit einem lächerlich kleinen Zylinderhütchen auf
dem Kopf.

UND ES IST AUCH SEINE SHOW

Tomtschek war Spielleiter, Regisseur, Kostümdesigner, Bühnenbildner, Filmausstatter, Kameramann, Cutter, Texter, Songschreiber, Autor, Schauspieler, Sänger, Bühnentechniker, Kulissenschieber, Grafiker, Maler, Maskenbildner, DJ, Organisator, Gastgeber, Performer, Aktivist, Choreograf, Tänzer, Moderator, Alleinunterhalter, Showmaster, Zeremonienmeister und ein Herr. Herr war wie ein Vorname: Herr Tomtschek.

Thomas Seidl war ein Universalkünstler (auch wenn er das nie selbst von sich behauptet hätte). Er war ein Radikaler im Durchsetzen eigener Ideen und Vorstellungen, die voller Witz und Humor, manchmal auch von erstaunlicher Ernsthaftigkeit waren. Er war ein kluger Kopf und ein Könner darin, Leute dazu zu bewegen, bei bestimmten Produktionen mitzumachen, sich in die Höhlen der Löwen vor Publikum zu wagen, sich selbst zu entblößen, vielleicht sogar lächerlich zu machen – um hinterher zu merken: Oh, das war jetzt toll. Oder: Ich hab mich getraut. Und: Das fühlt sich irgendwie gut an.

TOMTSCHEK VOLLFÜHRTE, FÜHRTE UND VERFÜHRTE

Natürlich war Thomas Seidl immer auch Teil der H.A.P.P.Y-Bande, und das Kollektiv war wichtig für sein Werk. Genauso wie Liebe. Er hat nie jemanden vorgeführt, weder sich selbst noch die Akteure und schon gar nicht das Publikum. Tomtschek vollführte, führte und verführte. Niemand wurde vor den Kopf gestoßen, musste sich gegen ihren oder seinen Willen in eine unangenehme Situation begeben. Aber es war auch gut, dass in einer glatt gebürsteten, konsumorientierten, heteronormativen Gesellschaft einer wie Tomtschek ein bisschen zwickte und zwackte, der Schwere mit Humor den Druck nahm. Am Ende waren jedenfalls alle glücklicher und schöner als vorher: Sie waren H.A.P.P.Y.

In der Welt von H.A.P.P.Y sieht man die Dinge ein wenig anders. Kategorien wie Mann oder Frau, Hetero oder Homo, Mensch oder Monster sind da nebensächlich. Jeder kann hier alles sein, wenn er oder sie es nur will – oder auch gar nichts. Was man von Thomas lernen konnte: Alles geht, man muss es nur machen. Man muss einfach nur lachen, wenn man es im dunklen Wald mit der Angst zu tun bekommt.

Was man noch lernen konnte: mit erstaunlich wenig Geld einen Bollywood-Film zu drehen, abendfüllende Theaterstücke zu inszenieren oder neue Formate auszuprobieren wie die live vor Publikum gespielte Boulevard-Serie „S.O.A.P.", Tomtscheks letzte große Arbeit. Man kann eine stillgelegte Autowerkstatt zum schönsten Ort eines Sommers machen, eine trashige Perücke aufsetzen und Glamour behaupten oder ohne Pool synchron- schwimmen. Das geht, na mach schon! Und wenn man beschließt, Dragkings sein zu wollen, was Tomtschek mit „Herrenimitatorinnen" übersetzt hat, dann ist das halt so. Man war ja auch schon wilder Steinzeitmensch, niedliches Baby, erschreckende Supertranse oder Eierlikör speiender Superheld; um nur vier von vierhundert zu nennen.

HE'S THE MAN WHO NEVER STOPS
HE SAYS FLOP AND HOP AND HOP
THREE FLOPS IN A ROW
HE FEELS THE FLOW YAHOO YAHOO

HE'S THE MAN
HE'S THE MAN WHO NEVER STOPS
HE NEVER LOOKS IN THE MIRROR
HE NEVER IS AFRAID
HE NEVER WONDERS
WHY HE CAN'T FLY *

Wer die Liste der realisierten Projekte betrachtet, an denen allen Thomas ausnahmslos und maßgeblich beteiligt war, erhält ein hübsches Bild der Genrebreite dieses Gesamtkunstwerkers, seiner immensen Vorstellungskraft, seines großen kulturellen Wissens und seiner Begabung, mit wenig Mitteln Großes auf die Beine zu stellen. Da genügte es auch, dass er ein einziges Mal als Jugendlicher „Cats" gesehen hat, um Jahre später die „schlechtesten Musicals der Welt" zu inszenieren, die in ihrer Dramaturgie und Machart fast gruselig nahe an die Originale kamen – nur eben viel, viel lustiger. Tomtschek musste kein Boulevardtheater besucht haben, um zu wissen, wie es funktioniert und wie man ein nicht gerade theateraffines Publikum zum Lachen bringt. Er konnte in einem Wohnzimmer eine bizarre Quiz-Show organisieren oder House-DJs ermutigen, abstrakte Bilder zu malen (die dann auch noch in der Künstlerhaus-Galerie ausgestellt und versteigert wurden). Thomas konnte Menschen bewegen, sie in Schieflage bringen, lange bevor man dafür das Wort erfand: queer.

UND ES GEHT WEITER UND WEITER UND WEITER

Überraschenderweise hat das alles fast immer funktioniert. Vieles von dem, was federleicht daherkam, hat eine Menge Kraft gekostet. Was oft improvisiert wirkte, war genau geplant, Ideen, die in ihrer Ausführung utopisch klangen, gingen auf. Die Leute kicherten an den richtigen Stellen, fürchteten sich ein bisschen und waren froh, zur richtigen Zeit am richtigen Ort zu sein – auf einem H.A.P.P.Y, vor dem Fernseher, wo gerade H.A.P.P.Y-TV lief, im Theater oder auf der CSD-Parade, wo die Gruppe um Herrn Tomtschek regelmäßig provozierte.

War seine Arbeit politisch? Trägt der Papst einen komischen Hut? Natürlich war das, was Thomas Seidl seit 1993 fast zwei Jahrzehnte lang mit dem H.A.P.P.Y auf Bühnen, Tribünen, in Clubs, Theater und andere Löcher oder auf die Straße brachte, politisch. Den einen zeigte er die lange Nase und den anderen, dass es auch so geht: besser, einfacher, menschlicher. Und es geht weiter und weiter und weiter. „Das Gesetz der Serie ist eine grausame Sache, es erlaubt keinen Stillstand", schrieb Thomas in einem Text über die Boulevardtheater-Serie „S.O.A.P.", der auch hier gut passt. Alles sei immer in Bewegung mit dem Ergebnis, dass diese Bewegungen bei H.A.P.P.Y ein wenig schneller sind als bei „Reich und Schön": Türen werden noch schneller auf und zu gemacht. Oder, um noch ein Bild des begnadeten Sprachverdrehers zu bringen: „Immer wenn irgendwo eine Tür aufgeht, geht woanders eine zu."
Das klingt traurig?
Wie wäre diese – verworfene – Tomtschek-Songtextzeile aus dem Musical „Lagerhouse":

„NICHT IN JEDEM ANFANG LIEGT EIN ENDE UND UMGEKEHRT"

Umgekehrt steht da, queer, einfach H.A.P.P.Y.

Der Autor ist von Beginn an bei H.A.P.P.Y und war seit 1989 Thomas Seidls Mann.
*aus „Song for Budhanton", Lyrics: Jan Lauwers / NEEDCOMPANY

WE ARE THE PEOPLE
WHO NEVER STOP
WE SAY FLOP AND HOP
AND HOP AND HOP
THREE HOPS IN A ROW
WE FEEL THE FLOW
YAHOO YAHOO *

„DIE 13 SUPERTOLLSTEN SACHEN
AUS DER WUNDERBAREN, TOLLEN H.A.P.P.Y-WELT"

1 „DER OYSTERHASE"
2 „AMÖBIUS"
3 „MARIE EVELIN"
4 „HAARE AM PO PO, YEAH!"
5 „L.H.O.O.Q."
6 „MISSES EBERHARD"
7 „HERR ROSI" *(Seite 290)*

Tomtschek, 2006 *(Courtesy of the artist and BiMoK, Bilder*
Moderner Kunst) Acryl und Schmutz auf Leinwand, 60 x 80 cm

1

4

3

6

7

„DIE MOZARTMADE"
Installation Gut Gasteil *(Niederösterreich),*
ca 10 x 1 Meter, *Stoff, Metall, Mozartlikör*
H.A.P.P.Y & Tomtschek 2006

„BÄR BENEDIKT MIT HUMMEL OLGA IM ARSCH"
Installation Gut Gasteil *(Niederösterreich),*
ca 10 x 8 Meter, *Strohballen, Schafwolle, Strass.*
H.A.P.P.Y & Tomtschek 2006

„Bär Benedikt, *under construction", Fotos ©Orlando Pescatore*

„DIE 13 SUPERTOLLSTEN SACHEN AUS DER WUNDERBAREN, TOLLEN H.A.P.P.Y-WELT"
04/2006 Galerie Gut Gasteil, Niederösterreich Exponate *(im Uhrzeigersinn):* **„DIE GRÖSSTE STRICKLIESL DER WELT"** *(Kunststoff, Metall, Wolle)* / **„HERR BRAUNIE PRÄSENTIERT: DER KLEINE RASSISMUS"** *(4 Teile, Wolle, Stoff)* / **„H.A.P.P.Y-TV"** *(Röhrenfernseher, Plüsch, Glitzer und Videotape)* / **„MISSES EBERHARD"** *(Plüsch, Watte, Schaumstoff)* / **„HAARE AM PO PO, YEAH"** *(Papier)* / **„DER OYSTERHASE"** *(Plüsch, Schaumstoff).* Alle: H.A.P.P.Y & Tomtschek 2006

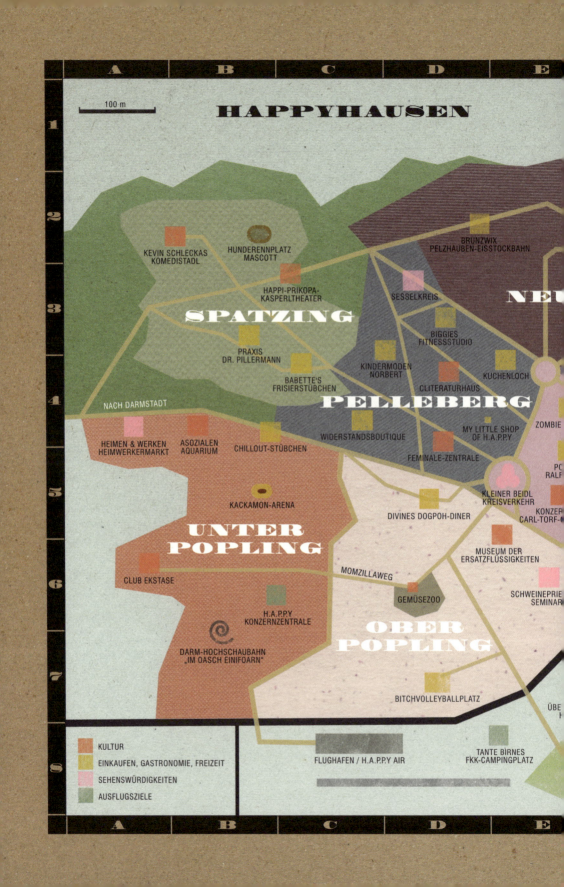

HAPPYHAUSEN

100 m

KEVIN SCHLECKAS
KOMEDISTADL

HUNDERENNPLATZ
MASCOTT

BRUNZWIX
PELZHAUBEN-EISSTOCKBAHN

HAPPI-PRIKOPA-
KASPERLTHEATER

SESSELKREIS

NEU

SPATZING

BIGGIES
FITNESSSTUDIO

KINDERMODEN
NORBERT

KUCHENLOCH

PRAXIS
DR. PILLERMANN

BABETTE'S
FRISIERSTÜBCHEN

CLITERATURHAUS

PELLEBERG

NACH DARMSTADT

WIDERSTANDSBOUTIQUE

MY LITTLE SHOP
OF H.A.P.P.Y

ZOMBIE

HEIMEN & WERKEN
HEIMWERKERMARKT

ASOZIALEN
AQUARIUM

CHILLOUT-STÜBCHEN

FEMINALE-ZENTRALE

PO
RALF

KACKAMON-ARENA

DIVINES DOGPOH-DINER

KLEINER BEIDL
KREISVERKEHR

KONZEF
CARL-TORF-

UNTER
POPLING

MUSEUM DER
ERSATZFLÜSSIGKEITEN

CLUB EKSTASE

MOMZILLAWEG

H.A.P.P.Y
KONZERNZENTRALE

GEMÜSEZOO

SCHWEINEPRIE
SEMINAR

OBER
POPLING

DARM-HOCHSCHAUBAHN
„IM OASCH EINIFOARN"

BITCHVOLLEYBALLPLATZ

ÜBE
H

KULTUR

EINKAUFEN, GASTRONOMIE, FREIZEIT

SEHENSWÜRDIGKEITEN

AUSFLUGSZIELE

FLUGHAFEN / H.A.P.P.Y AIR

TANTE BIRNES
FKK-CAMPINGPLATZ

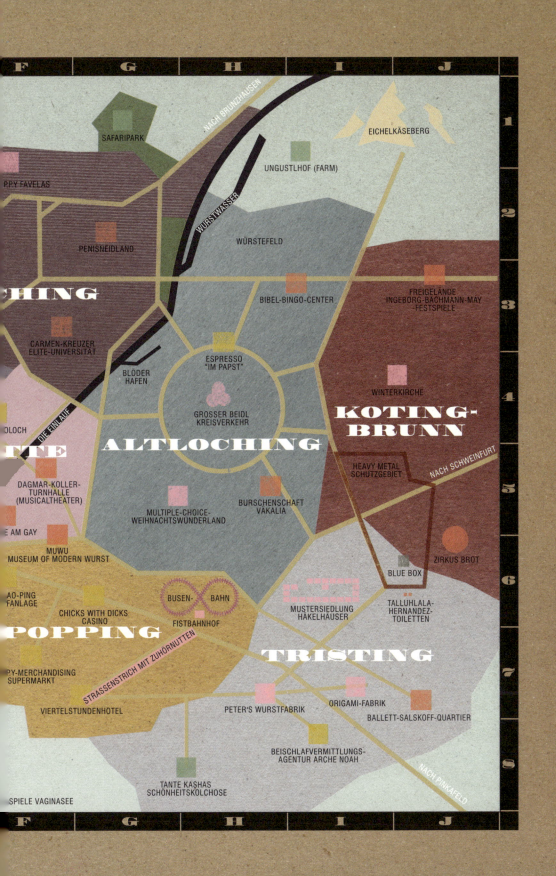

24 H HAPPYHAUSEN
WAS TOURISTEN UNBEDINGT TUN SOLLTEN IN DER STADT, DIE NIEMALS SCHLÄFT

DU HAST EINEN TAG ZEIT UND MÖCHTEST HAPPYHAUSEN KENNENLERNEN? WIR ZEIGEN DIR
NICHT NUR DIE ANGESAGTESTEN SZENEVIERTEL ODER TRISTESTEN STADTTEILE, SONDERN
AUCH NOCH AUFREGENDE TIPPS ZUM SHOPPEN, ALLE WICHTIGEN KULTURSTÄTTEN UND
NATÜRLICH AUCH SÄMTLICHE BILDUNGSEINRICHTUNGEN!

BEGINNEN WIR DEN TAG MIT EINEM KLEINEN BRAUNEN IM ESPRESSO IM PAPST
ALTLOCHING GEHÖRT ZU DEN SCHÖNSTEN VIERTELN, UND SONNTAGS GEHT'S GLEICH IN
DIE WINTERKIRCHE. WER ES LIEBER SPANNEND MAG, WÄHLT DAS BIBEL-BINGO-CENTER
GLEICH DIE ASPHALTIERTE STRASSE HINUNTER. DIE EINLAUFSTRASSE IST DIE SHOPPINGMEILE
VON HAPPYHAUSEN. WER DEN GROSSEN KETTEN (KINDERMODEN NORBERT, POLOCH RALF
LAUREN, MARKO POLOCH ...) MEIDEN WILL, SCHAUT SICH IN DEN KLEINEN LÄDCHEN IN
PELLEBERG UM: MY LITTLE SHOP OF H.A.P.P.Y, WIDERSTANDSBOUTIQUE ODER BABETTE'S
FRISIERSTÜBCHEN LOCKEN MIT SPEZIELLEN PREISEN.

HUNGRIG GEWORDEN? MIT TÜCHTIG KAFFEEDURST GEHT'S INS KUCHENLOCH ODER DEN
ZOMBIE-EISSALON. WER ES DEFTIGER MAG: PETER'S WURSTFABRIK HAT EINEN TOLLEN
FABRIKSABVERKAUF.

IMMER SPANNEND IST EIN BESUCH IM MUSEUM DER ERSATZFLÜSSIGKEITEN; WER SEINEN
REGENUMHANG VERGESSEN HAT, SCHAUT VIELLEICHT BESSER IM MUSEUM OF MODERN WURST
VORBEI. WECHSELNDE AUSSTELLUNGEN BEHANDELN HIER WÜRSTE ALLER COULEUR. BELIEBT
IST AUCH DAS ASOZIALENAQUARIUM MIT SEINER WELTWEIT EINZIGARTIGEN
SAMMLUNG ODER EIN BESUCH IM ZIRKUS BROT.

ZUM NACHTMAHL TRIFFT SICH GANZ HAPPYHAUSEN IN DIVINES DOGPOH-DINER — MACH ES WIE
DIE EINHEIMISCHEN! ANSCHLIESSEND HAT MAN DIE QUAL DER WAHL: SEICHTE UNTERHALTUNG
IN DER KOMÖDIE AM GAY, SEICHTE MUSICALS IN DER DAGMAR-KOLLER-TURNHALLE ODER DOCH
LIEBER EIN SEICHTES KONZERT MIT DEM CARL-TORF-ORCHESTER?
IM HERBST LOCKT DIE FEMINALE MIT EINEM SEICHTEN FILMPROGRAMM (FEMINALE-ZENTRALE),
DAS GEGENPROGRAMM SPIELT ES IM CLUB EKSTASE. UND DEN ABSACKER NEHMEN WIR IM
CHILLOUT-STÜBCHEN. GUTE NACHT!

ÜBERNACHTEN: H.A.P.P.Y-VIERTELSTUNDENHOTEL, BEISCHLAFVERMITTLUNGSAGENTUR ARCHE
NOA ODER TANTE BIRNES FKK-CAMPINGPLATZ.

ANREISE: DIE BUSENBAHN BRINGT DICH DIREKT ZUM FISTBAHNHOF.
ODER SIE FLIEGEN MIT H.A.P.P.Y-AIR.

> ACHTUNG: DAS VIERTEL UM DEN FISTBAHNHOF GILT ALS GEFÄHRLICH!<

FUTTER FÜR DIE HIPPEN MODEOPFER

46

SELBSTVERWIRKLICHUNG IM SZENEBEZIRK:
FRAU ROSIE UND IHR LITTLE SHOP OF H.A.P.P.Y

FRAU ROSIE SITZT VOR IHREM LÄDCHEN UND WARTET AUF KUNDSCHAFT. DIE ZEIT VERGEHT SCHNECKIG, UND DIE LEUTE AUS DEM HOSTEL NEBENAN SIND NOCH NICHT WACH. IM ANGEBOT: LÄNGST VERGRIFFEN GEGLAUBTE BÜCKWARE.

„ICH HAB'N LÄDCHEN IN PELLE UFFJEMACHT", sagen die Bewohner von Happyhausen gerne, wenn von ihren kruden Geschäftsideen und dem derzeit angesagten Szenebezirk Wurstpelleberg die Rede ist. Wurstpelleberg, das wissen Hipster natürlich, ist für Happyhausen das, was für Berlin Prenzelberg ist. Oder Kreuzberg oder was halt gerade wieder en vogue ist.

In Pelle stolpert man jedenfalls auch über Zwillingskinderwagen, Singlespeedfahrräder und Kreative mit Milchkaffeebärten. Genau hier hat sich auch Frau Rosie einen lange gehegten Traum erfüllt. Nachdem die Gute jahrelang nur die zweite Geige spielte und sich in der TV-Showküche von Manfred musste anbrüllen lassen, machte sie kurzerhand einen Buchhaltungskurs und den Computerführerschein und eröffnete ihr „Lädchen in Pelle". Uffjemacht, sozusagen. Aber wie!

MY LITTLE SHOP OF H.A.P.P.Y nennt sich Frau Rosies Start-up-Unternehmen. Auf nur wenigen Quadratmetern versorgt die enthusiastische Kettenraucherin dort Fans und Modeopfer mit Waren aller Art aus dem H.A.P.P.Y-Universum. „Wir führen eigentlich alles außer Hello Kitty", sagt die rührige Neo-Geschäftsfrau und saugt hastig an ihrer Kippe. Genau genommen sagt sie „Hallo Muschi", alles außer Hallo Muschi!

Vom längst vergriffen geglaubten Syphilis-Shirt übers Girlie-Hemdchen, auf dem keck „Tits" steht oder „Ass", bis zu rar gewordenen Leibchen für „Elfi Ott"-Enthusiasten. Auch wer vergessen hat, rechtzeitig zu Weihnachten rosa Plüschkübelchen zu erwerben, kommt hier auf seine Kosten. Merchandise-Artikel aus dem Penisneid-Land dürfen im Sortiment ebenso wenig fehlen wie sämtliche Folgen der unendlichen Telenovela „Felicidat" – klarerweise standesgemäß auf VHS-Videokassette. Es gibt aber auch das neue H.A.P.P.Y-Buch „Hapsi Apsi Pipsi Popsi Yipsi" stets vorrätig.

Und das Außergewöhnliche an diesem Szene-Fachgeschäft: **„WAS NICHT VORRÄTIG IST, IST HALT VERGRIFFEN."** Bedruckte Baumwollbeutel gibt es aber aus Prinzip nicht. Rucksacktouristen aus dem nahen Hostel zählen trotzdem zum Publikum; ebenso wie in die Jahre gekommene Club-Kids oder die fürchterlichen Spießer aus der Rechtsanwaltskanzlei nebenan.

Stammkunden macht Frau Rosie übrigens auch schon mal eine heiße Erbsensuppe warm. Weil: „Büchsen aufmachen, das hab ich noch nicht verlernt", sagt die flotte Jungunternehmerin, zündet sich die nächste Zigarette an und schürzt die Lippen.

ÖFFNUNGSZEITEN: MO–DI 12.30–13.30 UHR. MI–FR AB UND ZU, SA & SO GESCHLOSSEN

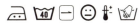

BASTELN:
MACH DIR DOCH DEIN
H.A.P.P.Y-T-SHIRT

#47

1) QR-CODE SCANNEN
Du findest, dass Frau Rosies Lädchen ganz unmögliche Öffnungszeiten hat? Mach dir doch dein H.A.P.P.Y-T-Shirt selbst. Mit diesem QR-Code findest du ganz leicht tolle Vorlagen. Scan den Kot!

2) AUSDRUCKEN
Was du jetzt brauchst, ist ein Tintenstrahldrucker und sogenannte T-Shirt-Transferfolie. Die gibt's für helle und für dunkle Textilien. Laut Anweisung Motiv ausdrucken und ordentlich ausschneiden.

3) ENTSPRECHENDES T-SHIRT SUCHEN
Frau Rosie nimmt in ihrem Lädchen ja immer gebrauchte T-Shirts aus dem Alt-Shirt-Container, die mit unappetitlichen weißen Deodorantkrusten in den Achselpartien. Du kannst dir natürlich auch ein neues Shirt besorgen. Aus Biobaumwolle oder so.

4) AUFBÜGELN
Nun (laut Anweisung!) das Motiv aufs T-Shirt legen, Backpapier drauf und mit dem Bügeleisen mit Maximaltemperatur 60 bis 90 Minuten mit kreisenden Bewegungen festbügeln. Okay, Scherz, 1 Minute reicht.

5) PRÄSENTIEREN ODER VERSCHENKEN
Das Papier wegnehmen, alles ein bisschen abkühlen lassen und die restliche Folie entfernen. Fertig. Nun kann man damit in die Großraumdisco gehen und angeben. Oder man hat ein prima Namenstagsgeschenk.

DIE ORIGINAL-T-SHIRT-VORLAGEN VON HERRN TOMTSCHEK ZUM RUNTERLADEN MIT DEM QR-CODE LINKS OBEN!

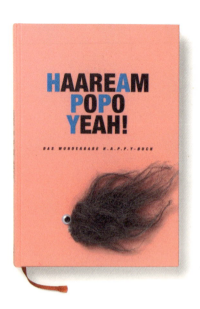

ALS DAS H.A.P.P.Y ZEHN JAHRE ALT WAR, MACHTEN WIR SCHON MAL EIN BUCH. ES HIESS „HAARE AM PO PO, YEAH!". SCHNELL WAR DAS BUCH VERGRIFFEN, NUN IST ES WIEDER DA: DIGITAL.

„Haben Sie Haare am Popo?" Diese Frage ließ 2004 Buchhändlerinnen kichern und -händler erröten. So lange zumindest, bis alle wunderbaren H.A.P.P.Y-Bücher verkauft waren. Auf dem Schwarzmarkt zahlen Fans aberwitzig hohe Summen, dabei gibt's das Buch doch jetzt gratis digital. Es ist zwar kein E-Book, aber ein D-Book. D steht für digital.
Unten ist der QR-Code dafür.

   WILLST DU HAARE AM PO PO, YEAH!?

#48 / HIER GEHT ES ZU DEN DIGITALEN HAAREN AM PO PO, YEAH!

DIESEM BUCH LIEGT EIN BASTELBOGEN BEI.
DAMIT KANNST DU DIR DEIN EIGENES

KOT-BÜCHLEIN

HERSTELLEN. IST DAS NICHT FANTASTISCH?
SO GEHT'S:

#49 / KEIN BASTEL-
BOGEN DA? HIER
KRIEGST DU EINEN

A

DEN BASTELBOGEN ENTLANG DER LINIEN IN BEIDE
RICHTUNGEN FALTEN. ZUERST DIE KURZEN UND
DANN DIE LANGEN LINIEN ODER UMGEKEHRT.

B

DIE GESTRICHELTEN LINIEN MIT
DER SCHERE EINSCHNEIDEN.
ABER NICHT ZU EMSIG -
DU DARFST NICHT
BIS ZUM ENDE
SCHNEIDEN.

C

NUN FALTEST DU ALLES ZU EINER LANGEN
WURSTHARMONIKA ZUSAMMEN. DAS GEHT FAST VON
ALLEINE. DU MUSST ES NUR EINFACH RICHTIG MACHEN.

D

NUN DIE KLEBEBEREICHE AUF DER
RÜCKSEITE SEITE FÜR SEITE MIT
PAPIERKLEBER ZUSAMMENKLEBEN.
MACH ABER DEN TISCH NICHT
SCHMUTZIG.

E

HEFTRÜCKEN MIT EINEM STREIFEN
KLEBE-, ISOLIER- ODER GAFFABAND
FIXIEREN. DABEI DIE ZIEHHARMONIKA
ZUSAMMENDRÜCKEN.

F

DIE GEPUNKTETEN SEITEN SIND DIE COVER-SEITEN DEINES KOT-BÜCHLEINS.
DIESE MIT KARTON ODER STOFF BEKLEBEN. DANN HAST DU EINEN TOLLEN
UMSCHLAG. DU KANNST DAFÜR ABER AUCH EIN ALTES SPÜLSCHWAMMTUCH,
GEBRAUCHTE FAHRSCHEINE, DEINE FLIPFLOPS ODER EIN ECK VON DEINEM T-SHIRT
VERWENDEN. EINFACH EIN AUSREICHEND GROSSES STÜCK DAVON AUSSCHNEIDEN
UND MIT DER HEISSKLEBEPISTOLE ODER EINEM DOPPELKLEBEBAND AUFKLEBEN ...

AUSSTELLUNGEN / AUSSTELLUNGSBETEILIGUNGEN:

- Wiener Secession:
  „Junge Szene Wien"
  (Gruppenausstellung), 1996

- Apartment 21, Wien:
  „Game Show At Home"
  (Einzelausstellung), 2001

- Unit F Büro für Mode, Wien:
  „H.A.P.P.Y – ein Mode-
  streichelzoo" *(Einzelausstellung)*,
  2003

- Museum Moderner Kunst, Wien:
  „Mothers of Invention"
  (Gruppenausstellung), 2003

- Künstlerhaus-Passage, Wien:
  „DJs als Künstler", *2004*

- Künstlerhaus Wien: „Update"
  „Tamagotchi"
  (Gruppenausstellung), 2005

- Kaufhaus Osei, Wien:
  „Sammlung Dichter"
  Soundinstallation
  (Gruppenausstellung), 2006

- Galerie Gut Gasteil, NÖ:
  „Die 13 supertollsten Sachen
  aus der wunderbaren, tollen
  H.A.P.P.Y-Welt"
  (Einzelausstellung), 2006

- Galerie Gut Gasteil, NÖ:
  „Bär Benedikt, Mozartmade"
  (Land Art), 2006

- Donaufestival, Krems:
  „Infomonster", *2007*

- Galerie Gut Gasteil, NÖ:
  „Donaupferdchen", *2008*

- Tatort Hernals, Wien:
  „Kuchenloch" *(Soziale Skulptur)*,
  Juni–September 2011

- Vienna Design Week, Wien:
  „Buchloch" *(temporäre
  Bespielung)*, Oktober 2013

- Permanent | Georg Kargl, Wien:
  „Jugendhaare einer Kaiserin"
  (Installation), Oktober 2013

THEATER / SHOW:

- „Klub Ekstase", *1999*

- „Steffi!? – das schlechteste
  Musical der Welt", *2000*

- „Lagerhouse – zwei Leben
  zwischen Cola und Crack",
  Donaufestival Krems, *2008*

- „Lagerhouse",
  Wiener Fassung, *2008*

- „H.O.R.R.O.R. Clownworkshop
  am FKK-Campingplatz", *2010*

- „S.O.A.P." Folgen 1000–1004,
  April–November 2011

FILME / FERNSEHEN:

- „Felicidat, Dornenwege zum Glück" *(Serie, 14 Folgen), 1996*
- „Felicidat, Dornenwege zum Glück" *(Spielfilm), 1998*
- „Ekstase – Rise and Fall of the Russian Elvis" *(Spielfilm), 1999*
- H.A.P.P.Y-TV *(wöchentlich 30, später 60 Minuten Programm auf TIV mit über 30 verschiedenen Sendungs-Formaten), 1998–2000*
- „Queen of Hearts" *(„Indienfilm"), ab 2003, noch unvollendet*

PERFORMANCES / HAPPYNINGS*:

- Mehr als 400 Happynings im Rahmen des Clubs H.A.P.P.Y seit 1993 an verschiedenen Orten in Wien *(Blue Box, Wuk, Volksgarten Pavillon, Künstlerhaus-Passage, Volkstheater, Fluc, Cabaret Renz, Porgy & Bess u. a.)* und außerhalb. *(siehe Seite 308f.)*
- Bespielung Forum Stadtpark, Graz, *1995*
- „Club Ekstase", Wuk, Wien, *1999*
- Menschliches Computer-Game auf Einladung von A. Handke u. D. Schalko *(„Disco ergo sum")* im Theater Gruppe 80, *2003*
- Brut, Wien: Euro-Trash-Poetry-Slam, *2010*

PUBLIKATIONEN / TONTRÄGER:

- Actionfigur-Productions: „Felicidat – Dornenwege zum Glück (die 1. Staffel)", *1996*
- „10-Jahre H.A.P.P.Y" compiled by Jeremiah *(CD, 2003, Laudon Recordings)*
- Hörspiele „Winnetu und die weiße Frau" *(1997)*, „Kasperl und die Zigarre. Oder: Großmutter muss ins Altersheim", „Kasperl und der Vaterschaftstest"
- Soundtrack „H.O.R.R.O.R." und „S.O.A.P.". Download: *happymusik.bandcamp.com*
- „Haare Am Po Po, Yeah! – das wunderbare H.A.P.P.Y-Buch", T. Seidl, E. Dranaz, C. Wurmdobler, J. Fill u. A. Khol (Hg.), *Czernin Verlag, 2004*
- „Hapsi Apsi Pipsi Popsi Yipsi – Jugendhaare einer Kaiserin", Eva Dranaz, Jochen Fill, Christopher Wurmdobler (Hg.), *Czernin Verlag, 2013*

*„HAPPYNINGS" HEISSEN AKTIONEN IM RAHMEN EINES H.A.P.P.YS – VON INTERAKTIONEN MIT DEM PUBLIKUM ÜBER SHOWS, FAKE-RESTAURANTS BIS HIN ZUM LEBENDEN BILD.

HAPPYNINGS SEIT 1993 *(soweit wir uns erinnern können)*

- 1. Eugen-Jehovah's-Clubbing
- 1. Wiener Schnauzbartclubbing
- 1. Wiener Unten-Ohne-Afterwork-Clubbing
- 1. Indoorsandkasten-Burgbaubewerb
- 10 Jahre H.A.P.P.Y-Fashion-Show
- 10 Jahre H.A.P.P.Y-Revue
- 100 miese Dinge 2005 (Wahrsagertreffen)
- 11 Years of H.A.P.P.Y Gala
- 12 Years of H.A.P.P.Y Gala
- 13 Years of H.A.P.P.Y Gala
- 14 Jahre H.A.P.P.Y mit Megamaskottchen Kimberly
- 14. Alleinunterhalter-Weltmeisterschaft
- 15 Tage H.A.P.P.Y-light Tanz-Marathon ohne Schlaf
- 25. Treffen der österr. Gogo-Züchtervereinigung
- 50 Jahre Busenheer Leistungsschau
- 6 Jahre H.A.P.P.Y-Feier mit dem Ballett Salskoff
- 7 Jahre H.A.P.P.Y-Gala
- Allerseelen-Geisterbahn
- Altjahresgala mit DJs als Künstler
- Amina Handke näht live die H.A.P.P.Y-Sommerkollektion
- Analoges Computerspiel: „La Venganza del Toro"
- Anatom. Museum Happyhausen: „Die ekligsten Arschausschläge der Welt"
- Apollo 12
- Aquariumsmeerjungfrau
- Asozialenaquarium Bielefeld
- Attacke der roten Indianer
- Aufklärung: Blumen und Bienen
- Babette's Frisierstübchen
- Bauchtanzkaraoke
- Beim Wixen erwischt von Momzilla
- Beischlafvermittlungsagentur „Arche Noa"
- Besuch auf Tante Birnes FKK-Campingplatz
- Bibel Bingo 1: Noah und der Wal
- Bibel Bingo 2: Moses führt die Israeliten durch die Rote Meer
- Bibel Bingo 3: Golgatha
- Bibel Bingo 4: Weihnachtswunder
- Bibel Bingo 5: Kreuzigung
- Bitchvolleyball Turnier
- Bizarre Gummi Fetisch Modeschau
- Brigitte Xanders Glücksrad
- Brummeln mit Hummeln
- Brunzwix's Pelzhauben-Eisstockschießen
- Burlesque New Year's Gala
- Chicks with Dicks Casino
- Christi Himmelfahrt mit Rakete
- Cirque de 2D
- Dancing Pornstars
- Das Donaupferdchen beantwortet Fragen
- Das H.A.P.P.Y-Allibertballett
- Das H.A.P.P.Y-Viertelstundenhotel
- Das Kakaorakel
- Das letzte Tamagotchi der Welt
- Das menschliche Weihnachtsscrabble
- Das Ministerium für Sterndeuterei
- Das Portal der Weihnachtsmannbäuche

- Das sexuelle Belästigungsmaskottchen
- Deng-Xiao-Ping-Memorial-Minigolf
- Der 7. Kreis der Hölle
- Der Eunuch der Karibik
- Der ewige Kampf zwischen Gut und Böse
- Der Mars so nah, dass man danach grapschen kann
- Der Nikolausator-Killerroboter
- Der Osterhase und sein Bunny
- Der tanzende Geburtstagstisch
- Die „Mad Science Fair" präsentiert: kybernetische Discoeffekte
- Die 36 Kammern der Sailormoon
- Die Adoptionsagentur für hoffnungslose Fälle
- Die Blumen des Bösen
- Die Fette Blanche vom Wörthersee
- Die größte Strickliesl der Welt
- Die Gruft des grindigen Grauens „House of Trashy Horror"
- Die H.A.P.P.Y-Fotofälscherei
- Die H.A.P.P.Y-Freakshow
- Die H.A.P.P.Y-Tellekomm
- Die heiße Phase des Wahlkampfes
- Die Hummel Olga zieht in Bär Benedikts Arsch (Prozession)
- Die Kackamon Arena
- Die letzten Stunden im Leben der Romanovs
- Die Mozartmade „A-Made-Us"
- Die peinlichsten Heiligen der Geschichte
- Die Rache der Glücksschweinderl
- Die unnötigsten Superhelden der Welt
- Die Wagen, die nicht beim CSD mitfahren durften
- Die Wahl zum beliebtesten Gott der Welt
- Die Wahl zum tollsten Ding vom Heldenplatz feat. Waltraud Haas
- Die Wespenplage
- Dinner for One-Variationen-Nonstop
- Divines Dogpoo Diner feat. The Ozzporns
- Domina Day 2004
- Dosenschießen mit dem Kuhmaskottchen
- Drag Queens of the Stone Age
- Dragqueen-Wrestling
- Drahtige Küken (Pfadfinder erschrecken!)
- Dreamwatching im H.A.P.P.Y-Schlaflabor
- Drittes Internationales Kakerlaken Derby powered by Sportwetten Norbert
- Du bist, was du isst: Häkelwürstelstand
- Eierlikörcocktailbar mit Showbarwixen
- Ein großer Vogel scheißt auf alle
- Er-und-Sie-Lauf
- Eröffnung der Weihnachtsbeleuchtung
- Faschingskegeln in Bagdad (mit Ungläubigen und EhebrecherInnen)
- Faschingsprunksitzung der Pantomimengilde St. Gilden
- Felicidat-World: Die HAPPY-TV-Studios
- Feminale – 1st Feministic Filmfestival
- Fengshuiworkshop mit Uwe und Günther

- Festival des Volkstümlichen Ausdruckstanzes
- Flamenco-Rebirthing
- Flieg in den anderen Raum mit HAPPY-Air
- Fotofälscherei, Teil 2
- Fräulein Stulles Mädchenhandarbeitsstunde
- Fräulein Stulles Mauerblümchenbälle 1996–2001
- Frühjahrsputzmarathon
- Fut und Arsch Clubbing Truck bei der Freeparty 1994 (with Pomelo & ZickZack)
- Gartenmesse Tulln (mit total versauten Blumenbildern)
- Gartenparty der Hollywood-schaukelfetischisten
- Geburtenrekord: 20 Entbindungen in 2 Stunden im H.A.P.P.Y-Emergency-Room mit Bonnie Tyler und Mother Teresa
- Gefälschter VIP-Eingang für Leute, die sich für was Besseres halten
- Gemüsewrestling mit Sportwetten Norbert
- Gemüsezoo
- Gerüchteküche
- Glücksbärchen bestechen für die sprechende Barbie
- Grand Prix Eurovision de la Schaunson 1996 live aus Karl-Marx-Stadt mit dem Carl-Torf Orchester
- Guru Vattimutti
- H.A.P.P.Y-Abendschule: Schönheitschirurg in 15 Minuten
- H.A.P.P.Y-New-Age-Messe
- H.A.P.P.Y bringt den Schmutz zurück ins Rondellkino
- H.A.P.P.Y Hetenwagen (für die gesellschaftliche Akzeptanz der Heten), Demonstration bei der 1. Regenbogenparade
- H.A.P.P.Y light SommerAkademie '03: Bauchrednerausbildung
- H.A.P.P.Y sagt Ja! (CSD-Parade 2003)
- H.A.P.P.Y schafft Arbeitsplätze: Origamifabrik
- H.A.P.P.Y Shopping channel: Dauerwerbesendung „Gaymobil"
- H.A.P.P.Y zeigt die Dinge, wie sie wirklich sind: Oide = Entiende = Aida
- H.A.P.P.Y-Hallenbad-Eröffnung
- H.A.P.P.Y-Linedance-Academy
- H.A.P.P.Y-Merchandising Supermarket
- H.A.P.P.Y-Sommerakademie '00 # 1: Gummitwist-Workshop
- H.A.P.P.Y-Sommerakademie '00 # 2: Plastilin-Workshop
- H.A.P.P.Y-Sommerakademie '00 # 3: Papierboot-Workshop und Regatta
- H.A.P.P.Y-Sommerakademie '02 #1: Modedesignerausbildung
- H.A.P.P.Y-Sommerakademie '02: Tattooworkshop
- H.A.P.P.Y-Sommerakademie '02 #3: Zahnarztausbildung in 15 Minuten
- H.A.P.P.Y-Sommerakademie: Feng-Shui-Lampen-Workshop
- H.A.P.P.Y-Telefonvermittlung

- H.A.P.P.Y-VIP-Lounge mit
  VIP-Administration-Service
- H.A.P.P.Y-Widerstandsboutique
- H.A.P.P.Ys 18ter Geburtstag
- HAPPY-TV-Koch-Show
- HAPPY-TV's Single-Studio
- Hasen- und Busen-Bahn
- Hausfrauenidylle
- Hawaiianischer Fruchtbarkeitsbrunnen
- Heavy-Metal-Schutzgebiet
  (mit Syphilis und Divine Abortion live)
- Heidnische Bräuche neu entdeckt:
  Dem Oysterhasen auf die Eier greifen
- Heiligsprechung für alle
  (mit Heiligenbildern)
- Heilsarmee Singalong Weihnachtschor
- Hochzeitsbankett für Singles
- Holiday with Mice –
  eine Discoroller-Revue
- Hula-Hoop-Wettbewerb
- Hunderennen in Mascott
- Hüpfen für einen guten Zweck
- In Oasch einifoan –
  die Darm-Hochschaubahn
- Ingeborg-Bachmann-May-Festival
  präsentiert: „Winnetu und die
  weiße Frau"
- International Dalai Lama Conference
- Internationale Friseusen-
  weltmeisterschaften
- Internationale Hundeshow
  „Männer sind Hunde"
- Internationaler Klofrauen-Kongress
- Internationales Festival der
  Straßenkunst
- Jens and Putzi – dafür oder dagegen?
  mit Demonstration
- Jetzt auch bei H.A.P.P.Y: Spitzelaffäre
- Kakamon-live-Manga
- Kampf dem Mäusekot –
  das Schweinegehirn im Volkstheater
- Kasperl und der Vaterschaftstest
- Kasperl und die Zigarre oder
  Großmutter muss ins Altersheim
- Kevin Schleckas Komedistadl:
  „Das Jahr 2001 auf dem Ungustlhof"
- Kimberly kämpft gegen Momzilla
- Kinder-Überraschungsei-Hühnerfarm
  (Woher kommt eigentlich das
  Überraschungsei?)
- Kleinwildjägerlatein
- Kostümversteigerung aus der
  Mottenkiste
- La vache folle –
  Rinderwahnsinns-Erlebnisrestaurant
- Lady-Di-Charity-Adventmarkt
- Ladies' night –
  New Year mit Tante Birne!
- Lapdancing-Puppen
- Las-Vegas-Show mit Siegfried & Boy,
  Ballett Salskoff, Dagmar Koller &
  The Dancing Winebottles
- Lebende Krippe
- Lookalikes: The Artist Formerly
  Known as Prince
- Lucky Kiss – die H.A.P.P.Y-Dating-
  Agentur
- Madame Armina sagt Ihnen Ihre
  Zukunft
- Makramee für den Frieden

- Mann oder Maus? –
  der Alien-Psychotest
- Marienerscheinung im Kohlebergwerk
- Massenhochzeit im Mai
- Mega Breakdance Memory
- Mega-Mario: The 1st Full Analog
  Computer Game
- Megaman Wettbewerb
- Melina-Mercouri-Gedenk-
  Schiffsschaukel
- Menschlicher Flipper
  („entertainment at last")
- Mini-DJ-Playback-Show
- Miss-H.A.P.P.Y-Wahlen 1994–2011
- Moshammer Gedächtnis Schrein
- Multiple Choice Weihnachts
  Wunderland
- Museum der Ersatzflüssigkeiten
- Museum of Modern Wurst:
  The Work of Dörte Rose
- Neujahrsgala mit den
  „Drei Damen vom Grill"
- Neujahrsrevue mit dem
  berühmten Club Ekstase (Moskau)
- Open-Air-Tischtelefonclub
- Orale Ikonen: „Monchichi Sex Show"
- Outing-Uschi
- Papstbesuch mit „Espresso im Papst"
- Passiv-„Trimm Dich"-Pfad mit
  Fernbedienung
- Penisneid-Vergnügungspark
- Peter Handke und seine Frau
  schauen Fernsehen
- Ponykämmen für jedermann
- Promiboxen
- Promigehege
- Public Access Kasperltheater feat.
  The Carl Torf Orchestra
- Public Access Polonaise („Ball der
  Fleischer- und Metzgersinnung")
- Public-Access-Horrormovie
- Pudel-Frisier-Weltmeisterschaft
- Reality-TV mit „Big Puppenmutti"
- Reifrockrevival mit
  „Guck unter den Rock"-Gewinnspiel
- Retro für Fortgeschrittene:
  90ies-Eurotrash-Poetry Slam
- Riesenbaby beruhigen
- Rocking Horse Rodeo namens
  Butterblume
- Rosa Lila Bürgerwehr St. Pölten
  (CSD-Parade 2002)
- Safaripark Happyhausen
- Sägende Nonnen
- Säuglingspflegeausbildung für alle
- Save the Raver
- Schaumstoff-Go-Go
- Schmalz-Werbefahrt nach Frankreich
  mit Schmalz-Gesang
- Schoßsitzen auf dem Weihnachtsmann
- Schulmädchen-Gogo-Schaukeln
- Schwimm-EM (Entchen Meister-
  schaften)
- Sci-Fi: Das H.A.P.P.Y-Altersheim
  der Zukunft
- Seaworld mit Walshow und
  Quallenausstellung
- Seemannsgarnspinnerei
- Sehen Sie einen Unterschied?
  Wir nicht! (CSD-Parade 2001)

- Seltsame Hobbys der Volkstheater-
  stars: Maria Bills Sammlung von
  Chilischoten, die wie Promis aussehen
- Serie „Das personifizierte schlechte
  Gewissen": Die H.A.P.P.Y-Favelas
- Serie „Performancekunst ist wirklich
  super":
  * 1A Arschprojektion
- Jenny Pinkles Unterleibsspaziergang
- Der Osterhas, der scheißt dir was –
  eine zweite anale Phase für alle
- Serie „Supercute Brutality":
  * Ein orginalgetreuer Nachbau
  des Circus Maximus
- Virtual Reality de luxe: Rette
  DJane Quack Quack
- Straßenstrich mit Zuhörnutten
- Tag der offenen Tür in Tante
  Kashas Schönheitskolchose
- Talent Show
- Talluhlala the Toilet Queen
- Talluhlalas Original Texas
  Marshmellow Barbecue Restaurant
- Tanzratten
- Tapetentiere
- Tauben füttern im Park
- Tempelhüpf Mädchenmeisterschaften
- The Flying Barbarellas
- The Boulevard of Broken Dreams
  oder „Was wurde eigentlich
  aus Biene Maja?"
- The Konrad Tönz Badminton Turnier
- The Passion of Christ – The Ballet
- Torten Dance Club
- Transmania – Österreich sucht
  die Fummeltrine
- Treffen der Gartenzwerge
- Treffen der Selbsthilfegruppe
  ausrangierter Voodoopuppen
- Tretrennautoweltmeisterschaft
- Turniertanzmeisterschaft der Frotteure
- Überraschungs-Maskottchen-Parade
- Verhaltenforschungs-Versuchslabor
- Verkehrskindergarten
- Verkehrte Welt: Freierstriptease
- Wahl zum Gegenpapst
- Wahl zur neuen „Prinzessin der
  Herzen"
- Waltraud Klasnitsch Moden
  Dessous Laden
- Warum sind die Neandertaler
  ausgestorben?
- Waschtag
- Weinseminar (Wissenswertes zum
  Thema Wein, vom Panschen bis
  zum Verkosten)
- Welcome-Back-Jennifer-Franks-
  Surprise-Pyjama-Party
- Wer bringt in Wirklichkeit die
  Geschenke zu Weihnachten?
  Jesusrind, Fistkind, Weihnachtswurst
- Wettrennen der Wilden Hummeln /
  Wild Bumblebees Race
- Wir häkeln uns ein Haus
- Wir waren jung, wir brauchten
  das Geld – 70s-Porno-Film-Fake
- Zirkus Brot
- Zombie-Eissalon
- Zwölf Stufen zur himmlischen
  Glückseligkeit

Danke, charlotte
aber nicht nur dafür

Astrolotti

Die Natascha
(serbische Bastlerin bei Steinen & Weten)

Uschi
(Fremdsprachensekretärin "Oma, Opa FKK)

Benita
(Telegeschäft Host)

Bobby Singer

Christl st.

Deapati ("Queen of Hearts")

Udo Huber

Señora Verde ("Felicidat")

Charlottofch

Boxträumer ("Ekstase")

Brigitte Repertoir

Barbara Streusand ("Steffi!?")

Wohnlandschafts-Woman

Lolotte Branleur (Transmama)

Fr. Ing. Jackengrosch aus der Leopolds

Alleinunterhalter bei der Alleinunterhalter WM

Olga oder Wolga Tänzerin im Balett Selskof

Göte (Universal Versand)

Madame Tourette

Wahrsagerin

u.v.m

Mari Evelin
die kleinste
H.A.P.P.Y
Mitarbeiterin

Beinahe wurde ihr Talent übersehen. In einer Tüte Popcorn entdeckte Herr Tomtschek im Jahre 1993 durch Zufall Marie Evelin, die auf einem Maiskorn lebt. Sofort schloss man Freundschaft, und die talentierte Grafikerin ist nicht nur für das Layout der H.A.P.P.Y-Gazetti und des Briefpapiers verantwortlich, sie gestaltete auch das berühmte H.A.P.P.Y-Logo. „Das ist doch das Haus vom Nikolaus", werden jetzt vielleicht ein paar besserwisserische Nörgler einwenden. Quatsch mit Soße: Das ist das H.A.P.P.Y-Haus!

DIE BAN

H.A.P.P.Y-BANDE *(siehe Bild Seite 312/313)*

32 H.C. Leitich
41 Martin Hovezak
16 Gerhard Schmied
22 Jox Fill
21 Eva Dranaz
03 Christian Moser
45 Iris Meder
38 Christian Denzer
52 Iris Landsgesell
28 Jimmy Hechmati
23 Markus Täubler
14 Evchen Szirota
05 Angela
　　Salchegger
44 Armin Dobernig
15 Georg
　　Untersalmberger
27 Christian Bezdeka
56 Werner Leiner
61 Florian Moritz

51 Roland
　　Fischer-Briand
20 Jennifer Franks
47 Martina Morawitz
25 Charlotte
　　Kirschner
31 Gerin
　　Trautenberger
13 Claudia Fellner
49 Nussi
　　Nussbaumer
09 Dieter Hofmann
36 Angela Proyer
29 Bayram Tekin
24 Boris Blizz
37 Martina Frühwirth
55 Stephan Haupt
53 Armin Autz
02 Christopher
　　Wurmdobler
01 Herr Tomtschek

66 Alexander
　　Lorenzo Hartmann
64 Margit Emesz
67 Alexi Pelekanos
30 Daniela
60 Manfred Langer
17 Johanna Sablatnig
04 Andrea Khol
42 Claus Tieber
71 Martl Kellner
69 Andreas Fink
68 Groeg Oel
65 René Ziegler
62 Parsia Kananian
63 Tobe Mayr
73 Sarah Preuster
54 Jan Preuster
50 Martina Danzl
58 Alexander Bauer
35 Kyu Sperling
18 Peter Kuerten

48 Momo
59 Christoph Graf
74 Katrin Traunfellner
72 Stephka Klaura
33 Michael Hafner
75 Begee Singer
70 Kloster Klaus
08 Wieland Gmeiner
12 Roland Faltlhansl
10 Iris Seebacher
11 Gerry van de Baur
40 Thomas
　　Rottenberg
19 Pierre Hödlmoser
06 Alex Ivan
07 Thomas Auge
46 Matias Del Campo
34 Christian Habel
39 Robert Binder
43 Tobbe Karlevit
26 Patrick Dax
57 M.Ä.C.K.S.

DJ'S + MUSIKER

Abraxas
Amina Handke
Andi Kurka
Atitok
Chrono Popp
Del Campo
Dominik Danner
Evva
Fercher
Florian Paul Ebner
Fritz da Groove
Fritz Plöckinger

Gächter
Gazarolli
Gualtiero
Hans Holler
Herb
Herr Kaiser
Houseboy
Jeremiah
Jimmy Boy Rockket
Johnny Soap
Jonatore
LesMessieurs

Lola & Bolek
M. Moll
Martin Piper
Nils
Oliver Matt
Patricio Cañete
Project Proyer
Reeno Reluv
René Saffarina
Rob
Roul Iree
Rupi Derschmidt

Slack Hippie
Smart
Tankred
Tante
Virgin Helena
Wass
Werner Leiner
X&I
u.v.a.

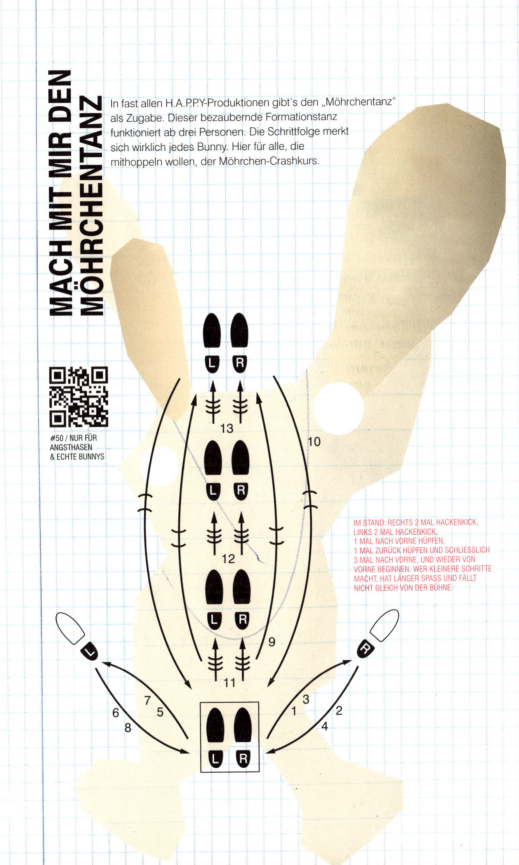

MACH MIT MIR DEN MÖHRCHENTANZ

In fast allen H.A.P.P.Y-Produktionen gibt's den „Möhrchentanz"
als Zugabe. Dieser bezaubernde Formationstanz
funktioniert ab drei Personen. Die Schrittfolge merkt
sich wirklich jedes Bunny. Hier für alle, die
mithoppeln wollen, der Möhrchen-Crashkurs.

#50 / NUR FÜR
ANGSTHASEN
& ECHTE BUNNYS

IM STAND: RECHTS 2 MAL HACKENKICK,
LINKS 2 MAL HACKENKICK,
1 MAL NACH VORNE HÜPFEN,
1 MAL ZURÜCK HÜPFEN UND SCHLIESSLICH
3 MAL NACH VORNE. UND WIEDER VON
VORNE BEGINNEN. WER KLEINERE SCHRITTE
MACHT, HAT LÄNGER SPASS UND FÄLLT
NICHT GLEICH VON DER BÜHNE.

DIE HERAUSGEBER BEDANKEN SICH

IMPRESSUM

Herausgeber:
Eva Dranaz, Jochen Fill, Christopher Wurmdobler
Vertrieb: Czernin Verlag Wien
Redaktion/Inhalt:
Eva Dranaz, Jochen Fill, Christopher Wurmdobler

Design/Gestaltung/Art Direction: Eva Dranaz
3007, agentur zur kreation von audiovisuellen
erscheinungsformen, Neubaugasse 10/4, A-1070 Wien
Grafik: Eva Dranaz, Jochen Fill
Lektorat: Iris Meder; Korrektur: Sabine E. Braun

Text-Beiträge: Andrea B. Braidt, Matthias Dusini,
Margit Emesz, Martina Frühwirth, Daniel Kalt,
Orlando Pescatore, Margit Wolfsberger
Jan Lauwers „Song for Budhanton" (S. 285/287)
Songtexte: Tomtschek

PRODUKTION:
Papier: Munkenprint white 115 g, MunkenLynx 300g
von Arctic Paper / SH Recycling 350g von Europapier
Druck: REMA-Print-Litera Druck- und VerlagsgmbH,
A-1160 Wien, Neulerchenfelder Straße 35
Besonderen Dank an die technische Beraterin Ulli Arnold
Buchbinder: Buchbinderei Schogla
Coverbeflockung: druckstore Bernard GesmbH
Farbschnitt: J. Steinbrener KG
Beilagen und Endfertigung: H.A.P.P.Y und 3007
Jedes Buch wurde handbeklebt, -bestückt, -gestempelt,
-gestanzt, -nummeriert und individuell manipuliert.

Website-Programmierung: Stephan Haupt, Markus Täubler

Kostüme/Objekte: Tomtschek,
Parsia Kananian (auch Rekonstruktionen), H.A.P.P.Y-Archiv

BILDNACHWEIS:

Alle Fotos und Illustrationen, soweit nicht anders genannt:
3007, Eva Dranaz/Jochen Fill

-Stefan Altenburger: Ugo Rondinone: „If There Were
Anywhere But Desert", 2000, Zürich; S. 22
-Gery van de Baur: S. 112 (1. R. 3. v. l.)
-Clifton Childree: „Clown Alley", 2012 © the artist; S. 22
-Roland Fischer-Briand: S. 27, S. 96, S. 98, S. 291–293,
S. 319
-Alexander Gostoso: S. 235–237
-Hakub: S. 134–143, S. 186–189, S. 206
-Stephan Haupt: S. 207
-Manfred Langer: 2.Umschlagkarton, S. 23, S. 60–67,
S. 68–73; S. 186–188
-M.Ä.C.K.S.: S. 186–189
-Matthias Moser: Illustration „Die Regenbogenbarrikade"
S. 164–173 (verwendete Fotos: Happy Archiv)
-Alexi Pelekanos: S. 32–41, S. 42 (alle außer 2. R. 1. v. l.),
S. 43, S. 60–67, S. 184–185, S. 268
-Markus Rössle: S. 145–159
-Cindy Sherman: „Untitled", 2004
Courtesy of the artist and Metro Pictures; S. 22
-Martin Stöbich: S. 76–83
-Roman Streuselberger: S. 136–143

-Happy Archiv: S. 164–173, S. 230–234, S. 256–279
Leider war es uns nicht möglich, die Fotografinnen
und Fotografen aller Bilder zu eruieren.
Wir bitten um Nachsicht und gegebenenfalls um
Kontaktaufnahme.

Irrtümer vorbehalten

DANKE FÜR ALLES UND WURST

Vielen Dank den unermüdlichen Helfern, Models und Unterstützern: **Alexander Hartmann,
Alexi Pelekanos, Andrea B. Braidt, Andreas Fink, Andreas Pasqualini, Armin Autz,
Christian Moser, Christof Nardin, Cindy Sherman, Claudia Fellner, Daniel Kalt,
Florian Moritz, Chieh-shu Tzou** und **Gregorio S. Lubroth** *(if dogs run free)*, **Groeg Oel,
Hakub, Ines Doujak, Iris Landsgesell, Iris Meder, Jakub, Jan Lauwers, Jan Preuster,
Jimmy Boy Rockket, Julia Knogler, Julien Diehn, Klaus Kloster, Kristin Barthold,
M.Ä.C.K.S., Manfred Langer, Margit Emesz, Margit Wolfsberger, Markus Täubler,
Markus Rössle, Martina Danzl, Martina Frühwirth, Martina Morawitz, Martin Stöbich,
Matteo Patti, Matthias Dusini, Matthias Moser, Nils Vonberg, Parsia Kananian,
René Ziegler, Roland Fischer-Briand, Roman Streuselberger, samstag shop** und
superated, Jasmin Schumi und **Stefan Beyer** *(Studio Rössle)*, **Sabine E. Braun,
Sarah Preuster, Stefan Zeisler, Stephan Dobias, Stephan Haupt, Thomas List, Tobe Mayr,
Werner Leiner, Wolfgang Lindenhofer, Vienna Design Week, das weisse haus, Martin
Walkner** *(Kunsthalle Wien)*, **Ulli Arnold** und der **RemaPrint, Ellen Schimkat** *(Arctic Paper)*,
Eva Maier und **Simone Saurer** *(druckstore Bernard)*, **Frau Göstl** *(Buchbinderei Schogla)*,
Valerie Besl *(vielseitig)* **Eva Steffen** und **Benedikt Föger** *(Czernin Verlag)*.

Danke an die **Bande**, **Buchkäufer_innen** und **Buchhändler_innen**, **Dr. Peter Pillermann**
und dem **Mopo**.

Dieses Buch wäre nicht möglich gewesen ohne die finanzielle Unterstützung von:
Charlotte & Johannes Seidl, Verein **Stadtimpuls, Wuk, Arctic Paper** Papierhandelsgesmbh,
Gemeinderätin **Nurten Yılmaz** sowie privaten Geldgebern. Die Herausgeber bedanken sich.

www.czernin-verlag.com, www.3007wien.at, www.h-a-p-p-y.net